ANAのVIP担当者に代々伝わる 心を動かす魔法の話し方

加藤アカネ

サンマーク文庫

人が意見に反対するときは、
だいたいその伝え方が
気にくわないときである

――ニーチェ

この本ができたわけ

編集担当　池田るり子

普通に過ごしているだけなのに、毎日たくさんの「言いにくいこと」に遭遇します。

たとえば、仕事相手に「やり直し」をお願いしなくてはいけないとき。これはものすごく言いにくいものです。せっかく一生懸命やってくれたのに……と思うと、言いにくくて、口が重たくなってしまいます。

それから、約束がある日の帰り際に、上司に声をかけられたとき。

「今日は急ぐので、明日でもいいですか」なんて言えませんし、待っている相手に「ごめん、仕事が……」と言うのも、申し訳ないものです。

この「言いにくい」という気持ちの正体は、なんなのでしょうか？

それは、「こんなことを言ったら、『失礼なやつだ』とか『うるさいやつだ』とか

『無神経な人だ』とか思われてしまうのではないか……」という不安です。

私はこれまでずっと、「そんなふうに思われるくらいなら、『言いにくいこと』は言わずに、ガマンしたり、やりすごしたりしたほうがいいなぁ」と思っていました。

でも、本当にそのほうがいいのでしょうか。

ガマンしていても、物事はいいほうへ転がっていきません。仕事相手と一緒にいいものを作り上げることもできないし、上司が話を早く切り上げてくれることもありません。

でも、やっぱり、言いにくい……。

「言いにくいこと」を言わなくても、願うとおりに相手が動いてくれたらいいのに……。

そう考えていたとき、ふと思い出したのです。

このあいだ飛行機に乗ったとき、機内で泣きだしてしまった赤ちゃんがいて、おろおろするお母さんに怒っているビジネスマンがいたことを。

「あのとき、客室乗務員（CA）さんはどうやって対応していたっけ？」

泣いてしまった赤ちゃんを連れたお母さんに、「静かにしてください」とも言えないけれど、怒っているビジネスマンに「そんなに怒らないでください」とも言えないはず。

あのとき、どうしてあの場はすぐにおさまったのでしょうか……？

そこで、航空業界でとても有名な、「伝説のCA」である加藤アカネさんに話を聞いてみることにしました。

すると、あったんです！　言いづらいことがみるみる解決する、魔法のような話し方が……。

「アカネさん、もっと教えてください！」

そう叫んだことから、本書は生まれたのでした。

序章

「言いにくいこと」は本当に言わなければいけないのか？

ある日、全日本空輸（ANA）の本社にお客さまから一通のクレームのお手紙が届きました。

「手荷物の中身は精密機器だと説明しているのに、客室乗務員に『前の座席の下にでも入れておけ』と言われた。いったいどういうことだ！」

私は上司に呼ばれ、「こういうクレームが来ているけど、覚えている？」と聞かれました。「きっとアカネさんはこんなふうには言っていないよね。それはわかるんだ。でも、お客さまはなんでこう感じちゃったんだろうね？」

驚いた私は、そのときの記憶を必死にたどりはじめました。空の上で仕事をするようになって3年、国内線チーフパーサー（客室乗務員の責任者）の資格も取り、客室乗務員の業務について自信を持ちはじめた矢先の出来事でした。

その日、大きめの手荷物を機内に持ち込まれたお客さまがいました。通常、手荷物は前の座席の下に収納しなければなりませんが、大きいせいでそうできないのか、たまたま空席だった隣の座席の上に置かれていました。

安全基準上、「座席の上」に荷物を置くことはできません。大きなゆれがあった場合に、お客さまがケガをしてしまう危険性があるからです。

私たちCAは、できるだけ早く機内の安全確認業務を終え、キャプテン（機長）に客室内の離陸準備が完了したことを報告する必要があります。

そこで、私はそのお客さまに対して、

「手荷物は、前の座席の下におおさめください」

と、マニュアルどおりのお声がけをしました。それがルールであり、バッグを横向きに倒せばギリギリおさまるように見えたからです。ところが、お客さまは「カメラの機材が入っているから横にできないんだ」と言って、「座席の上がダメなら足元に置けばいいでしょ」と、ご自身の座席と足の間にバッグを移しました。

しかし、これもまた困りました。「座席の前」のスペースに荷物を置くことは航空法上、禁止されています。大きなトラブルが生じ、万が一緊急着陸になった場合に、窓側の席のお客さまが脱出する際、そこに物が置いてあると障害となりかねません。加えて、座席の下の救命胴衣が取り出しにくくなってしまうからです。

当時の私は、自分がお客さまを指導しなければいけないと誤解していました。「私たちはサービス要員でもあるけれど、保安要員でもある。だから、安全に関係するトラブルが生じたときは、お客さまを指導する立場になる。警察官のように、毅然《きぜん》とした態度で教えさとすことも必要だ」と思い込んでいたのです。

そこで、お客さまに次のことをご説明しました。

- 航空会社は安全運航のため、脱出経路の妨げとなるものはすべてなくしてから離陸しなければいけないこと
- それでもお客さまが「足元に置く」と主張された場合、航空会社としては搭乗を拒否できるほど、航空法の取り決めは厳格であること

結局、お客さまは渋々といった様子で手荷物の中身を整理し、バッグを横向きにして前の座席の下にしまってくれました。

私は安堵《あんど》し、こんな満足感を覚えたことを思い出しました。

「お客さまに言いにくいことでも、毅然と言わなければならないときがある。それによって機内の安全が保たれた。誰かが、言いにくいことを言わないといけない。この機内ではそれが私の役目」

その後、私は離陸準備をすみやかに進めることに集中し、そのお客さまと、カメラ機材についてやりとりしたことを忘れていました。

ところが後日、本社にあの手紙が届いたのです。

「お客さまは、なんでこう感じちゃったんだろうね？」

私は、上司の質問に対する答えを、必死に探していました――。

うるさい社長に「お静かに」と言えますか？

「言いにくいこと」を言わなければならないシーンはたくさんあります。

先ほどの例で言えば、「安全上、手荷物は前の席の下に入れてください」ということをお客さまにお伝えしなければなりません。

機内で騒いでいるお客さまがいれば「お静かにお願いします」と言わなければなりませんし、かなり酔っているお客さまには「これ以上アルコールはお出しできません」とお伝えすべきです。

もちろん、これはお客さまとCAの関係の中にとどまる話ではありません。職場の同僚や部下、そして上司に対しても「言いにくいこと」を言わなければならないシーンはたくさんあります。幼稚園のママ友同士、地域コミュニティの仲間同士、さらに気ごころの知れた友人同士でも、こういうシーンはあるはずです。

いくら角が立たないように伝えようと思っても、相手の感情はコントロールできないもの。勇気をふりしぼって「言いにくいこと」を伝えたら相手が怒ってしまった、ということはよくありますし、それから先ずっと根に持たれることもあるでしょう。人間関係がぎくしゃくしたり、たいせつなお客さまを失ったりすることもあります。

たったひと言が、命取りになることがある。

だからこそ世の中には、「伝え方」をテーマにした本がたくさんあるのでしょう。

書店には、どのように伝えると相手が思ったとおりに動いてくれるのか、を説いた本がところ狭しと並んでいます。

ただ、コミュニケーションである以上、「相手」が存在します。相手がヒステリックになっているかもしれないし、イライラしているかもしれません。なにかをさせるのはあまりに気の毒な内気そうな方かもしれませんし、会社の社長のような地位のある方かもしれません。

いくら技法を学んでも、声の大きな社長に「静かにしてください」という趣旨のお願いをするのは難しいもの。ちょっと間違えば、気分を害されてしまいます。

そこで、次のような願望がふつふつとわき上がってきます。

「『静かにしてください』と言わずに、うるさい社長にだまってもらう方法はないものか――」

「言いにくいこと」を言わなくても、相手が自分の望むように動いてくれたら、こんなにうれしいことはありません。

注意も、指摘も、叱責もせずに、相手が思うように行動してくれる。

じつは、これこそがＡＮＡのＶＩＰ担当に代々伝わる「魔法の話し方」なのです。

思いどおりに動いてもらう。しかも、気持ちよく

私は１９８４年にＣＡとしてＡＮＡに入社後、約30年間在籍しました。国内線、国際線のチーフパーサーを務め、その間、約1万３０００時間を空で過ごし、６００万人以上のお客さまとの一期一会を通じて、たくさんの「魔法の話し方」との出会いがありました。

また、人財育成部門で年間５００名ほどの新人、５０００人の現役ＣＡの教育を担当するなかで、どんな言葉が人の気持ちを盛り立て、どんな言葉が自信を失わせてしまうのか、伝わる言葉、伝わらない言葉はなにかを深く考えてきました。

そして、**管理職としてＴＯＰ　ＶＩＰ部門の責任者となり、世界中のＶＩＰと接**

する機会の中で学んだ、VIPたちの発する言葉の数々。

ひとつの言葉が持つ力、巻き起こすドラマをたくさん目にしてきたのです。

そんな空の上で学んだ「話し方」の中でも、本書で特にお伝えしたいのが、**言いにくいことを言わずに、相手に気持ちよく動いてもらう**ことです。

けっして逃げ場のない、特殊な空間である機内では、さまざまな問題が発生します。

たとえば……。社員旅行の団体が騒ぎはじめ、周囲がイライラしはじめる。こんなときに「他のお客さまの迷惑になるのでお静かにしてください」と言ってしまうと、せっかく楽しまれているお客さまの気分を害するおそれがあります。だからといって、**お願いをせずに放置するわけにはいきません。**

たとえば……。赤ちゃんが泣きつづけ、それに対して他のお客さまからクレームが出る。こんなとき、赤ちゃんのお母さんに「お子さまが泣かないようにしてください」とも言えないし、クレームを言ってきた方に「赤ちゃんは泣くものです」と言うわけにもいきません。**双方まるくおさめなくてはなりません。**

たとえば……。複数のＶＩＰのお客さまを待合室から機内に誘導するとき、どのお客さまから先に誘導するか、順番を決めなくてはなりません。あとからお乗りいただくお客さまに「あちらのほうが優先すべきお客さまなので」とはもちろん言えません。

しかし、スムーズに搭乗していただくためには**順番の優劣をつける必要があります。**

1　「気まずいお願い」をするとき
2　「双方」まるくおさめるとき
3　「優劣」をつけるとき

仕事をしているとかならず起こるこれら3つのシーンで、私たちはどうすれば「言いにくいこと」を言わずに、相手に気持ちよく動いてもらえるのでしょうか。

ANAのVIP担当者に代々伝わる秘伝のメソッドをご紹介しながら、それにお答えしていくのが本書です。

「いかに言わないか」がたいせつ

じつは、「言いにくいこと」を言ってしまうからこそ、相手は気持ちよく動いてくれないのです。

解決策を、「言いにくいこと」をいかに上手に伝えるかに見出すのではなく、**「いかに言わずに、動いてもらうか」**に見出す必要があります。

お客さまに精密機器の入った手荷物を前の座席の下に入れるよう促してしまったときの私は、まだそのことに気づいていませんでした。だからこそ、その場ではこちらの思いどおりに動いてくれたのに、あとからクレームとなって返ってきたのです。

その後、世界中のＶＩＰと接するＴＯＰ　ＶＩＰ担当の責任者になる過程で、そのことを学びました。ＡＮＡのＶＩＰ担当には、先輩たちから代々伝わる「魔法の話し方」がありますし、なにより、多くのすばらしいお客さまから学ばせていただいた蓄積があります。

普通の人は、正論を言って、相手を動かす。
うまい人は、それとなく伝え、動かす。
超一流は、伝えずに動かし、しかもこちらを好きになってもらう。

クレームのお手紙をいただいたときの私は、まさに「普通の人」でした。では、ＡＮＡのＶＩＰ担当に代々伝わる魔法を使ったら、あのときどんな対処になったのか——。それは第１章以降で、ひもといていくことにいたします。

長い時間を空の上でお客さまやスタッフと過ごした経験から、「魔法の話し方」を紡ぎ出すためのコツをじっくりとお伝えしてまいります。

ANAのVIP担当者に代々伝わる

心を動かす魔法の話し方　目次

第2章
「双方」をまるくおさめるときの魔法

第3章 「優劣」をつけなくてはいけないときの魔法

編集協力……佐口賢作
校正……株式会社ぷれす
編集……池田るり子／
黒川精一／
佐藤理恵
（サンマーク出版）

第1章

「気まずいお願い」をするときの魔法

「長い話」を角を立てずに早送りする方法

仕事を片づけて「よし、帰ろう」と席を立った瞬間、上司に呼び止められ、話を聞くことになる。このあと友人との約束があるのに、上司の話は延々と続き、当分終わりそうもありません。気分よく話している上司に対し、

「友人と約束があるので、そろそろ帰らせてください」

とは言えないもの。

結局、延々と話につき合わされ、約束に遅刻してしまう……。

どんな組織にもひとりや2人はかならずいる「話の長い人」。

これが上司や先輩だと、少しやっかいです。

ましてや得意先の社長さまや、お客さまだったりすると……。話をへたにさえぎると、気分を害され、最悪の場合は取引停止にもなりかねません。

話の長い人に、

「次のアポがありまして……」
「早く帰りたいので……」

といった〝気まずいお願い〟をせずに、話を早く、しかも気持ち良く終えてもらうことができたら、どんなにいいでしょうか。

じつはこれ、ちょっとしたテクニックで解決できるのです。相手が自主的に話を「早送り」して、気持ち良く話し終えてくれる方法があります。その具体的な方法は……のちほど、じっくり、お伝えすることにいたしますね。

本章のテーマは、相手に「気まずいお願い」をしないで、思うように動いてもらうこと。最初のお話は、「反対意見の人に、ひと言も言わずに主張を通す」方法について。では、始めますね。

1

反対意見の人に、ひと言も言わずに主張を通す

NG ワード

「ルールですから」

飛行機では、座席の足元に手荷物を置くことができません。飛行機では、お客さまの足元のスペースは、非常時の通路となります。足元に手荷物を置かれているお客さまがいる場合、**CAは前の座先の下に入れていただくように促さなければなりません。**

しかし、「ちょっとくらいいいだろう」「自分の足元が狭くなるだけで、まわりには迷惑をかけていない」―貴重品だから見える位置に置いておきたい」など、さまざまな理由から納得してくださらないお客さまもいらっしゃいます。「安全のため」とお伝えしても、「いざというときはどけるから」と言われるケースもあります。

お客さまの気持ちも、とてもわかります。ましてや序章でお話ししたように、手荷物が「精密機器」の場合はなおさらです。たいせつに置いておきたい、と思うのが当たり前です。

しかし、**当時の私は「荷物の中身がなにか」に思いをめぐらせることなく、どのお客さまに対しても「お足元に荷物はお置きいただけません。安全運航上のルールですから」とくり返していました。**

結果的に、それがお客さまの気分を害してしまうことになりました。

お客さまには、手荷物をそこに置いた理由があります。大きい荷物をわざわざ手荷物になさっていたのですから、私はその様子をきちんと受け止めてからお声がけをする必要があったのです。

では、なんとお声がけすればよかったのでしょうか。

「理由」を聞いて伴走者になる

安全運航上、足元の手荷物はどかしていただかなければならない。

でも、「ルールですから」と正論を振りかざすと気分を害されてしまう。

こんな状況では、いきなり荷物を移動させるような言葉がけをするのではなく、お客さまがそうしている「理由」を聞くようにします。


「お客さま、手荷物の収納で、なにかお困りですか？」

こう質問をして、自分の意見を通すのではなく、相手の問題を一緒に解決する伴走者になるのです。

するとお客さまは、

「カメラの機材が入っているから横向きにできないんだ。だから前の席の下に入れられなくて……」

とお話しくださるかもしれません。

実際、このような質問をすると、多くのお客さまがこちらが予想もしていなかった理由を話してくださいます。

反対意見の人の心を動かすには、別の意見をぶつけるのではなく、相手がその結論に至った経緯や理由を聞けばいいのです。その上で、そこにチューナーを合わせる対応をしていきます。

「正しい、正しくない」ではなく、相手の感情がどのように振れているのかに焦点を当てて、伴走者になるわけです。

足元の手荷物の例で言えば、お客さまがそこを選んだのはおそらく「もう他に置くところがない」と判断したからです。「ルールとして置いてはいけないことはわかっているけれど、横向きには置けない」と思われていたのでしょう。

当時の私は、一緒に問題を解決する伴走者になれませんでした。

上司に当日のお客さまとのやりとりを報告するうち、私は「お客さまを注意して、ルールに従わせようとしていたこと」「一つひとつの手荷物の置き場所しか意識せず、中身やお客さまの事情については考慮していなかったこと」に気づきました。

なにより、クレームの手紙をくださったお客さまの顔が思い出せない自分に驚き、反省したのを覚えています。

今であれば、「なにか、お困りですか？」と切り出し、なぜその置き場所を選ぶことになったのかをお聞きした上で、

「さようでございましたか。気がつかずに失礼いたしました。では、どのような形であれば一番よろしいか教えていただけますか」

と切り出し、お客さまの望む解決方法を探るでしょう。そして、前方や後方に空いている物入れがあることなど、手荷物を預かる別の選択肢を提示します。

その際、なんとかご協力させていただけないでしょうか、なにかしてさしあげたいのです、という気持ちを乗せます。

手荷物を安全な場所にしまっていただくことは、守らなければならないルールです。しかし、「ルールですから従ってください」は、お客さまにファンになっていただく「魔法の伝え方」ではありません。**相手を従わせるための「言いにくいこと」を言わずに、同じ気持ちになってお手伝いする。**そのほうがお互いに心地良くなります。

これはCAだけではなく、人と対面するすべての仕事において言えることです。

次の項目からは、職場の同僚や先輩後輩で意見が異なるケースを見ていきましょう。

魔法の言葉

「なにか、お困りですか？」

2

会議中、自分の意見を言わずに思いどおりの結論に導く

NG ワード

「私としては……」

ＣＡにとって日常的な会議といえば、搭乗前のミーティングです。フライトのたびに顔ぶれが変わるＣＡは、毎回全員が集まり、チーフパーサーを中心に、サービスの方針を確認してからお客さまをお迎えします。

ある夏場のフライトのミーティングでのこと。

その便は満席で、かつ若いＣＡが中心でした。

私はチーフパーサーとして、サービスを少しでも簡単にすることで、みんなの経験の浅さをカバーし、おもてなしの質を落とさないようにしようと考えました。その取っ掛かりとして、ドリンクサービスの時間を短縮したいと思い、

「今日は、アイスコーヒーに氷を入れずに提供しましょう」


と提案しました。

夏のフライト時、アイスコーヒーは冷蔵庫に入れてあるため、氷を入れなくても冷えた状態でお出しできます。メーカーからも氷なしでお出しできると保証されていました。そのため、このひと手間を省いても、問題はないと考えたのです。

ところが、あるCAが「**品質管理の観点から、氷は入れるべきではないでしょうか？**」と発言しました。これまで入れてきたのですから、彼女がそう感じるのももっともです。

しかし、フライトの時刻が迫っていたこともあり、私はきちんとした説明をせずに「私としては問題ないと思います。アイスコーヒーの業者さんにも氷なしで大丈夫と確認を取ってありますし」と、「私の意見を通そう」としてしまいました。

ミーティングが終わり、搭乗を終え、いざドリンクサービスが始まると、私は愕《がく》然《ぜん》とすることになります。

私以外のCAは全員、「氷入り」のアイスコーヒーをサービスしていたのです。

なぜ、彼女たちは氷を入れたのか？

私がサービスしたお客さまは出てきたアイスコーヒーを見て、一瞬「あれ？」という表情をされていました。それもそのはず。私以外のCAは、みんな氷入りのアイスコーヒーを出しているのですから。

これまで氷入りで出してきたのですから、フライト前に上司から一方的に言われたからといって、その慣習を変えるのは難しいものです。「一番いいサービスをしよう」というお客さまへの気づかいで、みんなは氷を入れることを選択したのです。日頃から「お客さまの視点に立ってサービスを」と言っているチーフパーサーの私が、「お客さまが違和感を覚えることをやる」ことを選択し、せっかく反対意見を言ってくれたCAの声も「私が確認したから大丈夫」とはねのけてしまったわけです。

その結果、みんなに納得感はなく、私の思ったとおりには動いてくれませんでした。

その一件があってから、「聞くことのたいせつさ」にあらためて気づきました。

そもそも、そのとき私が望んでいたことは、**「満席であってもお客さまにいつもどおりのサービスの質を提供すること」**でした。

ところが、私はそのための方法として「アイスコーヒーに氷を入れないで提供することがふさわしい」と独断し、ミーティングでみんなに押し付けようとしました。

同乗するCAに若手が多く、チーフパーサーの自分が引っ張らなくてはいけないという気負いがあったのだと思います。

当時の私がすべきだったことは、

「今日は満席でかなり慌ただしいフライトになりそうです。サービスの質を落とさないためには、どんな方法が考えられますか？」

とみんなに問いかけ、ミーティングの参加者から意見を引き出し、そこから「ドリンクサービス時にどうにか時間を短縮できないものだろうか？」と絞り込んでいく。そんなやり方でした。

ただでさえ上司は、部下たちから「なんでも自分で決めたがる」と思われがちです。部下たちを動かすにしても、できるだけ自主的に動いてもらったほうがモチベーションはアップし、それが品質向上にもつながります。

上司である私は、自分の意見を押し付けずに、「サービスの質を落とさない」という目的を達成するべきでした。こんなときに「私としてはこう思います」と言ってしまうと、みんなを萎縮させたり、逆に反発させたりすることを学びました。押し付けるのではなく、**問いかけ、引き出し、それに乗っていけばよかったのです。**

他の人の意見を上手にいかすコツ

活発に意見の出る会議であれば、その中から自分の意見に近い人の発言を受けて、

「今、〇〇さんがおっしゃったのは、こういうことですよね」

と確認するのが効果的です。まず、発言の内容をくり返すと他の参加者の印象を強くできます。そして、

「とても即効性のあるアイデアのように感じました。いかがですか?」

「今、抱えている問題を解消する有効な方法ではないでしょうか。いかがですか?」

と、周囲を巻き込んでいきます。

心がけるべきポイントは、「私の意見」ではなく、「みんなの意見」にしていくことです。そのためにも会議の序盤、中盤は聞き役に徹しましょう。

誰がどんな意見を持っているのか。

反対意見を持つ人がいるのか。

会議の招集役である上司は、どんなゴールを望んでいるのか。

それらを見極めながらタイミングを待ちます。

重要なのは、望んだ方向の結論に導くことです。

一方、あまり意見の出ない会議、あるいはあなた自身が会議の幹事役、進行役のときは、「自ら聞くこと」を重視しましょう。

たとえば、「新しいサービスのアイデアを考える」ことが会議の目的だったとして、その場が「しーん」と静まり返ってしまったのなら、

「今、行っているサービスと組み合わせると、もっとお客さまに喜んでいただけそ

うな〝なにか〟はありませんか？」

と問いかけてみます。目線が変わり、発言も増えていくはずです。

その上で、自分の望むゴールに向かいそうもない展開になってしまっても、相手が悪いと思うのではなく、**「相手が自分の意見のどこに引っ掛かってこの意見が通らないのか」**を考えるようにします。そして、**「どうしたらその引っ掛かりを取り除くことができるか」**、あるいは**「回避できるのか」**を相手の立場に立って考えます。

すると、相手への理解も深まり、物事をさまざまな角度から見る練習にもなります。

氷を入れるかどうかが問題ではない。

目的は、別のところにあるはずなのです。

魔法の言葉

「今、○○さんがおっしゃったのは、こういうことですよね」

3

責任を取りたくない上司を、説得せずにその気にさせる

NGワード

「現場がわかってない」

部下の立場からすると、なんでも自分で決めようとする上司も問題ですが、なにも決めようとしない上司はさらに問題です。

前任者から引き継いだ状態を維持することが第一で、現場で起きている変化に合わせた対応策を講じない。そのため、現場のスタッフが疲弊し、クレームも増えていく。そんな経験、おありではないでしょうか？

私がVIP部門の担当をしていた頃、早朝の時間帯の空港ラウンジで、問題化はしていないものの、トラブルの芽が生じていました。前任の責任者が人員の配置を最低限の人数に変更し、人件費をおさえようと考えたようです。結果的に、**VIP対応のスタッフの数が朝の数時間だけ不足してしまったのです。**

航空会社にとってファーストクラス、ビジネスクラスを定期的に利用してくださるVIPはたいせつなお客さまです。地上勤務の空港ラウンジスタッフもその点はよく理解していますから、失礼なくきちんとした対応をしていました。

しかし、ラウンジを利用するVIPの数に対して、スタッフそのものの数が足りなくなる時間帯があり、サービスの質が低下しかねない状況だったのです。

大きな問題にならないうちに人員の配置を見直してほしい。これが現場スタッフの声でした。しかし、新任の責任者は、「前任の決めたことだから」「特に問題はないと聞いている」と言って、動いてくれませんでした。

じつは、その責任者は前任者の後輩にあたり、先輩の決めたことを変えづらい、面倒を起こしたくないという意識も見え隠れしていました。

現場で仕事する部下からすればじりじりする状況で、上司に対してついついこんな思いがわき上がってきます。

「あの人は現場がわかっていない」

すると、上司に掛け合う際に「現場に出ていらっしゃらないので、おわかりにならないかもしれませんが」「その場を見ていないと、実感が乏しいかと思いますが」などと、「あなたは知らないのに……」というニュアンスの言葉が口から出てしまうようになります。

しかし、これこそもっとも言ってはいけない言葉なのです。

「現場」と「上司」の間に線を引いてはいけない

私も自分が部下を持ち、中間管理職の立場になって初めて、**「上司は責任を取りたくないわけではない」**と実感しました。日本の会社組織では役職が上になればなるほど、相談相手は減り、加点よりも減点がクローズアップされるようになります。

現場しか知らなかった時代は、「上司は決断し、責任を取るのが仕事でしょ」と思っていました。しかし、上司は上司としてのしがらみの中で仕事をしています。物事を決められない上司にも、相応の理由があります。上司だって苦しんでいる。だからこそ、部下から「現場」と「自分」の間に線を引かれるようなことを言われると、よけいに意固地になったり、孤独感が増したりするものです。

では部下は、そうした上司を無理に説得せず、その気にさせるためにはどうすればいいでしょうか。それは**「あなたにもプラスです」**とアピールすることです。

先ほどの朝のスタッフを増やしたいという案件であれば、「現場が困っている」

「トラブルになりそう」というネガティブな側面ではなく、増員した結果、得られるはずのプラスの面を強調していくわけです。

「より行き届いたサービスを提供することができるので、お客さまも喜びます」

「人員を増やすことで、当社が目指している理想のサービスに近づきます」

「VIPの皆さんとの接点が増え、将来的なサービス向上のヒントが見つかります」

その上で、それが上司であるあなたにもプラスに働くということを伝えます。

なぜなら、決められない上司は、実際も現場の機微の理解があさい人がほとんどだからです。本音としては、現場がわからないから決めようがないだけなのです。

だからこそ、**現場のために動くことで得られる上司のメリットを示していきます。**

また、現場にいるとどうしても今日や明日のことを優先してしまいますが、管理職は3か月、半年、1年という時間軸で物事を見ています。その時間軸に合わせて話をすることも効果的です。

「これから2か月の繁忙期が過ぎれば、ラウンジの利用者数も落ち着くのでスタッフの配置も再考可能です」

など、上司が譲歩しやすい「再考可能」などの言葉をプラスするとより効果的です。**将来の逃げ場を作ってあげるわけです。**

現場の不満の解消が自分にとってメリットとなり、お客さまにとってもプラスになるとわかれば、上司も「ここでヘンに部下と争うよりも、先を見て動いたほうがいい」と考えるようになっていきます。上司の「わからない」「面倒くさい」「責任を取りたくない」を、「やってみるか」にすり替えてしまうわけです。

現場からの指摘を、サービスの可能性を広げる提案に変換する。そうすれば「現場、上司、お客さま」が喜ぶ「一石三鳥」の解決策を見出すことができるはずです。

魔法の言葉

「お客さまも喜びます」
「再考可能です」

4

言っていることとやっていることの違う上司を、指摘せずに反省させる

NGワード

「自分のことを棚に上げて……」

あなたは、こんな経験をしたことはないでしょうか？

普段から「わからないことがあったら、なんでも聞いてよね」と言っている先輩のところへ質問をしに行ったら、**「今じゃなきゃダメ？」**と迷惑顔をされた。

「自分で判断して動きなさい」という自主性を重んじる上司の言葉を信じて動いたら、**「オレは聞いてないぞ」「勝手に判断しないで相談して」**と怒られた。

日頃から「社会人として書類の提出期限を守るのは当たり前！」と言い放っているのに、当の本人が経費の精算にいつも遅れている。

会社で、上の立場の人が「言っていることと、やっていることが違う」と気づくと、ついていく側としては気持ちが冷めてしまいますよね。

つい「あの人は自分に甘くて、人に厳しい」「自分のことを棚に上げて……」などと陰口をたたいたり、「あなたはどうなんですか？」と言ったりしたくなります。

しかし、これはNGワードです。それをやってしまうと、職場全体の雰囲気が悪くなりますし、上司や先輩と、1対1で対決する形になります。そのとき、嫌な思いをするのはあなたです。

言いにくいことを言わずに、上司に自覚を促すにはどうすればいいでしょうか？

「いつでも相談に来て」と言うから行ってみたら……

自分自身も上司の立場になってわかったことは、「本人は自覚がない」ということです。相談にやってきた部下に対して「ごめん、ちょっと今、手が離せないから……」と言ってしまい、相手が「いつでも相談に来いって言っていたのに、なによ……」と思っていたとしても、上司のほうは気づきません。「あとで手が空いたら声かけるね」と言うものの、すっかり忘れてしまう……、ということもよくあります。

上司は「いつでも相談に来て」と言うことで、部下の自分に対する期待値を引き上げようとします。ところが、実際に行ってみると「いつでも」ではない。結果、部下の胸の内には期待を裏切られた感が残ります。

この期待値のギャップについても、上司はなかなか気づけないものです。

ですから、部下は、上司に対して文句を言うのではなく、**「あなたは期待値との**

ギャップを作ってしまっていますよ」と気づいてもらうことが賢明です。そのときの魔法のキーワードは**「誤解」**です。

「〝いつでも〟とおっしゃっていたお言葉に甘えてしまいました。出直します」

「アドバイスどおりにやったつもりなのですが、間違って理解していたかもしれません」

ポイントは、「言っていることとやっていることが違う！」と責めて上司をギャフンと言わせるのではなく、上司を頼りにしているという前向きな感情を乗せること。

相手が「いや、自分の言い方も悪かった。ごめんね」と逃げられる隙を残してあげれば、感情のしこりが残らないでしょう。

魔法の言葉

「甘えていました」

「間違って理解していました」

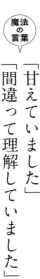

5

長い話を不快にさせず終わらせる

NGワード

「そういえば～」

「話が長い人」といえば、私はコンサルティングをしている取引先の男性にお聞きしたエピソードを思い出します。

ある日、リーダーの立場のその男性は、残業中のオフィスで「週明けすぐの急ぎの案件」について、後輩の女性社員と打ち合わせをしていたそうです。すると、その女性社員の携帯電話が鳴り、男性に断ることなく電話に出た彼女は、

「今、ちょっと上司に捕まっているから、もうちょっと待っていて。ごめんね」

と言って切ったそうです。そのとき、男性は「あ、自分は彼女を捕まえていたのか」と思い、さらに彼女から「話長いな……」と思われていたことに気づきました。あまりのことに彼は笑いだしてしまい、「ごめん、ごめん。もう今日は帰っていいや。疑問点あったらメールして」と彼女を帰したそうです。

就業時間後とはいえ、上司と話している最中に私用の電話に出る若い女性社員はもちろん問題ありです。しかし、上司である男性の話もたしかに長かったのかもし

れません。

このエピソードが強く印象に残ったのは、主観の違いは恐ろしい、と感じたからです。上司はていねいに説明しているつもりでも、部下はくどくど長いなと感じているかもしれません。話しつづけている本人は、長話をしている自覚がないのです。

あなたも「捕まったこと」があるのではないでしょうか。

知らず知らずのうちに「捕まえたこと」もあるかもしれませんね。

「今忙しいので」とは言えないし……

いつもANAを利用されるA社長というVIPがいらっしゃいました。

A社長は一度、話しはじめると細かい描写を重ねていき、どんどん話が長くなる方でした。一度、捕まってしまうと仕事がスムーズに進まなくなってしまうこともありましたが、とはいえ、失礼な対応をすることもできません。

私もA社長の近くを通りかかるとすぐに声がかかり、その時々のゴルフのスコア、お孫さんの成長、出張先で食べた名物の話などをお聞きしていました。

話題は幅広く楽しいのですが、なにせオチにたどりつくまでにかなりの時間を要します。

お客さまはその方だけではありませんし、CAには対お客さま以外の仕事も多々あります。ずっとお話におつき合いをしてしまうと、他のやるべき仕事ができなくなってしまいます。

とはいえ、相手は常連のVIPです。「今忙しいので、お話はこれくらいに」とも言えません。そこで編み出したのが**「話の長い人を不快にさせず、話を終わらせる」魔法の言葉**です。

話を「早送り」するワザがあった！

気分を害さずに、話を終えてもらう方法はたったひとつ。少しでも早く「オチ」にたどりつくことです。とくにお話し好きの方の場合、話にはオチがあります。そのオチを言いたいからこそ、そこに行くまでのストーリーを長々と話してしまうのです。聞き手が途中で話をさえぎった場合、このオチが言えなくなってしまう。気分を害するのは決まってこんなときです。

つまり、きちんと「オチさえ」言えればいいわけです。そうすれば気持ちよく話を終えることができます。

そこで、**「オチに近づける質問」をすることで、話を早送りするのです。**相手が一番言いたいことを予測して、それを引き出すような質問さえできれば、話のオチまでの時間を一気に短縮することができます。

ゴルフの話題であれば、

「ついに最高スコアが出ましたか？」

おいしいレストランの話題であれば、

「味だけではなくサービスもすばらしかったのですか？」

お孫さんの話題であれば、

「成長を感じると、うれしくなりますね」

このように返すことで、話を早送りできます。

一方、よけいに長くしてしまうNGワードがあります。オチに近づけるどころか、**いっそう過去に時間を巻き戻してしまうような質問です。**

「そういえば、いつ頃からゴルフを始められたのですか？」

「これまでで一番と言えるお店はどちらですか？」

「もう高校生ですか。以前うかがったときは小学校の遠足のお話だった気がします」

こうした質問は、雑談を盛り上げる意味ではプラスですが、話を切り上げたいときにはマイナスです。相手が記憶を思い起こし、さらに語りたくなってしまうからです。

魔法の言葉

「ついに最高スコアが出ましたか？」

6

話の弾まない相手がたったひと言で気持ち良く話しだす

NG
ワード

「今日はこんなことがあって」

100人のお客さまがいらっしゃれば、100通りのニーズがあります。

飛行機に搭乗する背景や目的も違い、機嫌のいい方もいれば、落ち込んでいる方もいます。もちろん、お一人おひとりが、

「今日は気分が悪いので、静かにしていたい」

「すごく急いでいる」

「いいことがあったから聞いてほしい」


など、声に出して明らかにしてくだされば、ニーズを知ることができます。

しかし、たいていのお客さまは静かに搭乗され、降機されていきます。

そこでCAは、お客さまの立ち居振る舞いや雰囲気、表情などに注意して、

「疲れているのかな」

「イライラされているかしら?」

「本当は○○してほしいのかな」

などと、言葉にならないサインを見逃さないよう心がけています。

そこで大事なことは「こうだ」「こうに違いない」と決めつけず、可能性を探ることです。

もし判断しづらい状況であれば、一歩踏み込んでお声がけをしてみます。

そのキッカケが、挨拶にプラスする「もうひと言」です。

「おはようございます」のあとに、ひと言を添える。それだけで気難しい顔をしていた方が、にこやかに話しだすこともあります。

ANAに代々伝わる〝キドニトチカケ〟

そのキッカケとなるひと言について、ANAでは代々〝キドニトチカケ〟を引き継いできました。

•「キ」は「気候」です。

「いいお天気になりましたね」

「少し底冷えのする朝でしたね」
「今日も暑いですね」

●**「ド」は「道楽（趣味）」です。**
「ステキな時計ですね」
「カメラはよくお持ちになるのですか」
「ワインにお詳しいのですね」

●**「ニ」は「ニュース」です。**
「昨日のニュースには、本当に驚かされましたね」

●**「ト」は「土地」です。**
「到着地の◯◯では、ちょうど◯◯というお祭りが始まるそうです」
「今年は旬の◯◯が特においしいようです」

・「チ」は「知人」です。

「○○さん、お元気ですか？」

「○○さんが、ご結婚されたそうですね」

・「カ」は「家族」です。

「奥様はお元気ですか？」

「お子さんは、おいくつになられたのでしょう？」

・「ケ」は「健康」です。

「いつも姿勢がシャンとされていますね」

「今日もステキですね」

気候や趣味、ニュースの話は年齢や性別、仕事に関係なく、どなたにも通じるキッカケのひと言になります。

知人や家族、健康については何度かお会いしたお客さまに、「またお会いしましたね」という気持ちを込めて伝えると、親近感が増していきました。
土地の話は出発地から到着地に向かう機内だからこそ、重宝しました。
一方、キッカケのひと言としてそぐわないのは、自分の話です。

「今日はこんなことがありました」
「昨日、私は失敗してしまって」

など、場を和ませようとして自分の話を切り出してしまう感覚はよくわかりますが、相手が話しやすい質問をしたほうが、相手が会話の主役になります。
雑談は、あくまでもお客さまの興味を汲《く》み取って、サービスにいかしていくためのキッカケです。**「私語り」はふさわしくありません。**

ネクタイには物語がある

私がＶＩＰ担当として〝キドニトチカケ〟の他に話題のキッカケとしていたのは、

お客さまの「**持ち物**」へのひと言です。

特にネクタイはちょっとしたキッカケの宝庫でした。

ある冬の早朝のフライトのとき、VIPルームに何度かお話ししたことのあるVIPがいらっしゃいました。「おはようございます」とご挨拶し、ネクタイを見ると小さなサンタクロースのワンポイントが入っています。少し早いクリスマス仕様でした。

「ステキなネクタイですね」とお声がけすると、VIPは「娘からのプレゼントなんだよ」とにっこり。

そこで、「お嬢様からのプレゼントですか。うれしいですね。お返しはもうされましたか?」と返すと、「そういえば、そうだね。なにか選ばなきゃいけないけど、なにかないかな」と続き、最終的には「今、機内販売では、このような品があります」とお伝えし、物販につながりました。

なかなか商売上手な……と思われたかもしれませんが、じつはファーストクラス、ビジネスクラスを利用されるビジネスパーソンは忙しく、なかなかプライベートの買い物をする時間が取れません。

そこで、スタッフのほうから「奥様やお嬢様へのプレゼントにいかがですか?」と提案すると、「その手もあったか」と喜んでくださるケースが多くありました。

いきなり機内販売を勧めるのではなく、お客さまとの間にキッカケとなる言葉のやりとりがあるからこそ、お買い上げいただき、さらに喜んでいただけるのです。

「挨拶+ひと言」をお客さまとの会話のキッカケとするためには、相手が語りたくなる質問を心がけることがポイントです。そして、もうひとつたいせつなのは、深追いをしないこと。

「挨拶+ひと言」のあと、さほど話題が広がらなかったとしても、なんの問題もありません。お客さまに「あなたのことを見守っています」というメッセージは十分に伝わっていますから、あとは「よく見て、思いをめぐらせること」です。

魔法の言葉

「キドニトチカケ」

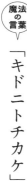

7

怒っている人に、正論を言わずになだめる

NGワード

「ご迷惑をおかけします」

よく飛行機を利用されるビジネスパーソンは、皆さん、席についたあとに独特のこなれたスタイルをお持ちになっています。

座席は限られたスペースしかありません。

ある方は手荷物をしまうと、テーブルの上でパソコンを開き、座席のひじ掛けの脇に資料を差し込み、小さな壁として「ここは私の空間です」とパーソナルスペースを確保。黙々とデスクワークを片付けていきます。

また、ある方はテーブルの上にパソコンではなくタブレットを置き、ヘッドフォンを装着。海外ドラマを見て、リラックスされています。

CAとしては、こうした自分のスタイルをお持ちのお客さまにはなるべくお邪魔にならないよう、適度な距離感をたいせつにして接するようにしてきました。

お茶をお出しするときにテーブルまわりにある軽食の紙ゴミなどがあれば、「ご一緒にお下げしましょうか」と伝え、少しでも空間を広く使っていただくために配慮します。

また、**一度に用事を片付けることで、こちらからお声がけをする回数を減らしていきます。**機内に限らず、あまり話しかけられたくない空気を発している方には、話しかける回数を減らすことが効果的です。

私たちも、「仕事お手伝いしましょうか?」「相談に乗りますよ!」と親切な声をかけられて、うれしいときもあれば、反対に「放っておいてほしい」「かえって邪魔になる」と感じることもありますよね。

シチュエーションに応じて間合いを読むのも、気づかいのひとつです。

騒ぐ修学旅行生 vs. 怒るビジネスマン

ある日のフライトでのこと。私はあるビジネスマンのお客さまが気になっていました。というのも、搭乗口でご挨拶をさせていただいたときから非常にぴりぴりされた様子だったのです。

その日は修学旅行に向かう学生の団体さんが搭乗されていました。朝の便でしたので、客室内には仕事に向かうビジネスパーソンとワクワクした表情の学生さんたちが混在しています。その中で、学生さんたちの近くの席についたお客さまは眉間にシワを寄せ、苦り切った顔でカバンの中を改めていました。

想像するに、**そのお客さまは空港の待合室で修学旅行生たちを見かけたときから、「まいったな」と思われていたのでしょう。**

できるなら近くの席にはなりたくないと思い、もしかすると地上スタッフに座席の変更をリクエストしたものの、予約で満席のために難しい、と言われたのかもしれません。

心の中にイライラがたまり、「怒る準備」ができている状態で搭乗されたわけです。

こういった状況では、いざお怒りになったときにどう対処するかを考えるのではなく、**先味**《さきあじ》**、中味**《なかあじ》**、後味**《あとあじ》の3つを考える必要があります。

たとえばレストランに行くとして、その店の前評判を聞いて「きっとおいしいんだろうなあ。楽しみだ」と感じるのが先味。

いざ食事を食べてみて「本当においしい！」と感じるのが中味。

店を出ていくときに、レストラン側から思いもよらないおみやげをもらって、さらに気分良くなるのが後味です。

この3つすべてに配慮することで、お客さまの印象は大きく変わります。

先味、中味、後味の上手な使い方

修学旅行生にイライラしそうなお客さまに対して、まず私はその方が機内に乗り込むときに「本日の担当の加藤でございます」と挨拶をし、「なにかお困りのことがございましたら、お気軽にお声がけください」とお伝えしました。

先味として、こちらから「気にしています」というサインを発することで、怒りが頂点に達するのを少しだけ引き止めておくことができます。

しかし、しばらくするとそのお客さまからコールボタンで呼び出されました。「学生たちのマナーが悪い」「騒がしくて落ち着かない」「そもそもどうして修学旅行生の利用を許すのか」「団体で貸し切ればいい」と。

ただし、このとき、お客さまは**「私に」**このことを伝えてくださいました。こんな状況のときにどのCAに不満を言えばいいのかわからないと、お客さまはさらに怒りが強くなってしまいます。

先味としてお声を添えておいたことで、最大級の怒りではなく、ほどほどの怒り、でおさまっていたように見受けられました。

そして、お怒りになったお客さまといざ接する中味部分。ここでのNGワードは、**「本日は修学旅行のお客さまがいらして、ご迷惑をおかけしています」**など、他の**お客さまに責任を押し付けるような物言いです。**

人のせいにするのではなく、お怒りはきちんと受け止めなければなりません。

また、旅客機は公共交通機関ですから、さまざまなお客さまが搭乗されていて当たり前です。

航空会社にとって個人のお客さまも、団体のお客さまも皆さんがたいせつなお客さまです。少しだけ裏話をすれば、単価という価値に置き換えると、修学旅行生は1年以上も前から予約をいただき、ほぼ正規料金をいただいている非常にありがたいお客さまです。

とはいえ、ここで「そもそもどうして修学旅行生の利用を許すのか」とお怒りになっているお客さまに対して、「航空会社にとって個人のお客さまも、団体のお客さまも、皆様がたいせつなお客さまです」と正論をぶつけても仕方がありません。

ここで受け止めるべきポイントは、お客さまの怒りや不快感です。

「○○様、不快なお気持ちにさせてしまい、申し訳ございませんでした」

正論ではなく、感情に寄り添っていきましょう。

もちろん、他に移動可能な座席がある場合は、「お席を移動されますか?」と提案しますが、この日のフライトは満席だったため、

「他に気になったところはございませんか」

と気づかいの言葉を添え、胸の内にたまっているものを外に出していただきました。その後、別のCAとともに修学旅行の学生さんたちに、「少しだけ、まわりにご配慮いただけますか?」とお願いしました。ビジネスマンのお客さまも私たちが怒りを受け止め、行動に移したことで気持ちを立て直してくださいました。

たいせつなのは、修学旅行生と乗り合わせた事実と、怒りの感情を切り離して対

処していくことです。

目的地に到着後、私たちはお怒りだったビジネスマンのお客さまに

「本日は貴重なご意見をありがとうございました。今後、改善に努めます」

と書いたメッセージカードとともに、キャンディを手渡しました。

これはマニュアルにはない行動ですが、お客さまのフライトの後味を少しでも良くしていただきたいという思いからです。

その後、そのお客さまからは、フライト中、自分の怒りを受けてCAが適切に動いてくれたこと、降機の際にメモをもらって気持ちが晴れ晴れとしたこと、それでまたANAに乗ろうと思ったことが書かれたお手紙をいただきました。

魔法の言葉

「不快なお気持ちにさせてしまい、申し訳ございません」
「今後、改善に努めます」

8

騒ぐ人を、注意しないで静かにさせる

NGワード

「他の人の迷惑なので」

「ゆでたまご持ってきたのよ！」
「まあ、ありがとう!!」
「いいの、いいの。みんな、1個ずつね、はい、はい」

ベルト着用サインが消え、離陸までの緊張感がとけ、機内の雰囲気が落ち着いた頃、女性同士のグループがにぎやかなやりとりを始めました。ときにはゆでたまごがみかんや飴《あめ》、お菓子になりますが、国内線、国際線を問わず、よく見かける光景です。

先ほどの項目では、騒ぐ方に対して「お怒りになるお客さま」への対処をお話ししましたので、ここでは「騒ぐお客さま」への対処法をお伝えすることにします。お店で、会社で、学校で、きっと同じようなシーンがあるはずです。

ご搭乗くださる中高年の女性の皆さんは、最高のコミュニケーターなので、「あなたもどう？」と、初めましての隣り合ったお客さまも巻き込み、機内がなごやかになっていくことも少なくありません。特に沖縄やハワイなど、リゾート地へ向かう便の場合、まわりの方もにぎやかさを楽しんでくださる傾向があります。

とはいえ、機内にはさまざまなお客さまがいらっしゃいます。

到着地での大事な交渉を控え、最後の資料作成に取り組むビジネスパーソン、お子さま連れのご家族、ほろ酔い加減のご友人同士、たいせつな記念日のご旅行に向かうご夫婦……。皆さんを安全、確実に、気持ち良くお過ごしいただきながら目的地にご案内するのが、CAの仕事です。

もし、にぎやかなやりとりを続ける女性同士のグループの隣に、張り詰めた雰囲気のビジネスパーソンがお座りになっていた場合、双方の快不快は確実に一致しないはずです。

いずれビジネスパーソンは「仕事にならない」と腹を立て、直接、注意されるかもしれません。そして、女性同士のグループは「楽しい雰囲気に水を差された」と感じることでしょう。

こんなとき、**CAはかならず公平でいなければなりません。**どちらかの側に立ち、片方の意見を支持してしまうのは間違った判断です。

なぜなら、快適かどうかは人によって異なるものですが、不快に感じることは共通しているからです。

音がうるさい。汚れている。人はネガティブな感情になることに不快感を抱きます。つまり、**サービスをする側が目指すべきなのは、すべてのお客さまが不快を感じる要素をすみやかに取り除くことです。**

ところが、にぎやかなグループと仕事をされている方を目のあたりにすると、つい、「どちらが正しいか」という視点に立ってしまいます。仕事をする人が正しく、にぎやかさで不快感を与えている側が間違っている、と。

すると、こんな言葉が出てきてしまいます。

「他のお客さまのご迷惑になりますから、もう少し静かにお願いします」

「規則ですから、お静かにお願いします」

しかしこれこそ、こうした状況でもっとも避けなければいけないNGワードです。にぎやかなグループに対して、規則や迷惑している人を盾にして、正しさを振りかざした言葉で注意するのは、一方のお客さまを切り捨ててしまうことになります。

これは、会社の上司と部下でも同じではないでしょうか。雑談しながらアイデアを出していくタイプの部下と、ひとり黙々と集中しながらアイデアを出すタイプの部下がいた場合、一方だけを注意するわけにはいきません。

「〇〇」を小さくすると、騒ぎがぴたっと止まる

では、どう考え、どう振る舞い、どんな言葉をかけるべきなのでしょうか。

魔法の言葉を使うためには、相手を想うことと備えることが欠かせません。先ほどお伝えした「先味」を、にぎやかな人に対しても使うのです。中高年の女性グループが搭乗する際には、にぎやかになることが予想できるため、搭乗の際に、

「ご旅行でいらっしゃいますか。どちらまで行かれるのですか」

こんな言葉がけをするのです。

目的は、「私があなたに目配りをしていますよ」と暗にお伝えすること。こうして最初にできるだけいい関係を作っておきます。そして、なにか問題が生じたとき、「先ほどの加藤でございます」と言うと、一歩距離を近づけた対応が可能になるのです。なにか起きる前から関係を作っておくわけです。

そして注意をするときは、**声のトーンを落として、**

「とっても楽しそうですね」

「だいぶにぎやかな感じになってきちゃっていますので」

と話しかけます。

こちらの声の大きさを小さくする。

これがとても重要です。

周囲に知れ渡る声の大きさでは、「今、注意された」「ほら、うるさかったもんな」とお客さまに恥をかかせてしまうことになります。

たいせつなことは罰することではなく、その空間の不快の芽をつむことです。この場合、にぎやかでうるさいという事象がなくなれば、他のお客さまが抱えている不満を解消できます。

声のトーンを落として、

「だいぶにぎやかになっちゃっています……」

とほほえみながら伝えれば、たいていは、

「あ、ごめんなさい。うるさかったかしら」

とお客さまも声を落として言ってくださいます。口の前に人差し指を立てて、「シーッ」と言って、周囲と目を合わせてくださったりもします。

声を小さくして近づくことにより、親密な印象にもなります。

にぎやかな人たちがいて、周囲を不快にさせているような状況では、ぜひ一度ためしてみてください。

魔法の言葉

（声のトーンを下げて）

「だいぶにぎやかになっちゃっています……」

第2章

「双方」をまるくおさめるときの魔法

あっちを立てれば、こっちが立たず!?「板挟み」の解決術

アイデアは雑談から生まれる、と考えている人がいます。一見、ワイワイと仕事と関係のない話をしているようで、じつは、それを企画のアイデアなどに活用している人たちです。

一方、仕事は静かな環境で集中してやりたいと考える人もいます。この人たちにとっては、隣でされる雑談は、イライラの元でしかありません。

雑談をたいせつだと思っている人。

雑談は害だと思っている人。

企業の中ではこんな対立がよく起こります。もし、あなたがリーダーだとしたら、この状況をどうやっておさめるでしょうか?

どちらの気分も害さずに、やる気になってもらわないとなりません。

仕事をしていると「板挟み」になることはよくあります。

上司と部下の板挟み。

会社とお客さまの板挟み。

お客さまとお客さまの板挟み。

仕事だけではありませんね。プライベートだってそうです。

嫁と姑《しゅうとめ》の板挟み。

友人と友人の板挟み。

ママ友とママ友の板挟み。


さて、あなたがこんな板挟みの状況になったとき、しかも、**「どちらの言い分もわかる」**というときに、双方にどんな言葉をかけてまるくおさめるでしょうか。

本章のテーマは「双方まるくおさめる」。

まずは、実際に私が機内で体験した「泣き叫ぶ赤ちゃんと、それに対して怒りをあらわにするお客さま」のエピソードから。どちらにも「お静かにしてください」なんて言えません。さて、私はそのとき、どんな言葉をかけたかというと……。

9

泣き叫ぶ赤ちゃんとクレームをつけるおじさん、どちらも立ててまるくおさめる

NG ワード

「お静かにお願いします」

離陸時の気圧の変化でぐずりだし、大きな声で泣きはじめる赤ちゃん。

泣きやませようと必死であやすお母さんとお父さん。

でも、泣き声はますます大きくなるばかり――。


そのうち、ビジネスマン風の50代の男性がCAを呼び止め、

「おい、あの赤ん坊を泣きやませろ！　うるさくて迷惑だ」

と泣いている赤ちゃん連れのお客さまにも聞こえる声でクレームを言いはじめる。


CAにとって、どう対応するべきか悩ましい状況です。

機内での赤ちゃんの泣き声は、根本的な解決が難しいからです。

飛行機が他の公共交通機関と異なるのは、離陸後の機内は密閉された空間であること。レストランなら泣きだした赤ちゃんを親が抱っこして外に出ることができますし、電車なら途中で降りることができるかもしれません。

しかし、飛行機では、赤ちゃんを抱えて途中下車し、機嫌が良くなるのを待つことはできません。解決するのが難しい状況です。

一方、逃げ場がないのは周囲のお客さまも同じです。国内線なら1、2時間ですが、国際線ならば10時間以上のフライトも珍しくありません。その間、なかなか泣きやまない赤ちゃんの声を聞きつづけるのは、子育て経験の有無にかかわらずしんどいものです。

「泣きつづける赤ちゃんも、あやすお母さん、お父さんも大変だろうな」と思いやる気持ちと「ずっと泣かれているのは嫌だな。クレームを言いたくなるのもわかる」と感じる気持ち。機内でこの2つが交錯します。

ここでCAに求められるのは、**両方の気持ちに寄り添うことです。**

マニュアル的に定められている対処法は2つあります。

ひとつは、お子さんが泣きだして慌てているお母さん、お父さんを落ち着かせること。もうひとつは、うるさいと感じるなどの不利益を受けているお客さまに対して配慮することです。

泣き叫ぶ赤ちゃんの親になんと言うか？

まず、ご両親を落ち着かせる言葉から。

お母さん、お父さんは、搭乗前から「いつ泣きだすか」と冷や冷やし、泣きだすと「まわりに迷惑がかかる」「早く泣きやませないと」と気持ちがあせるものです。

しかし、抱っこしている大人が慌てていると赤ちゃんは、さらに不安を感じます。

そこで、ご両親に、

「飛行機は初めてですか？　もしかしたら、気圧差でお耳が痛いのかもしれませんね」


などとお声がけし、おもちゃや絵本を差し上げるなど、**言葉と行動で「大丈夫ですよ」「いつでも、お手伝いできますよ」というメッセージをお伝えします。**当然、「お静かにお願いします」など、追い込むような物言いはNGです。

ちなみに、長時間にわたってのお預かりはできませんが、お母さんやお父さんがお手洗いへ行かれている間、CAがお子さまを見ていることはできます。お母さんと赤ちゃんの2人で搭乗されている場合は、お母さんに「お手洗いにいらっしゃる際はお声がけくださいね。お手伝いします」などとお伝えしておくこともあります。

怒っている男性になんと言うか？

次に、赤ちゃんの泣き声にクレームを言うお客さまに対して。

「おい、あの赤ん坊を泣きやませろ！」

「うるさくて迷惑だ」

というレベルのクレームに発展してしまった場合、きちんと謝罪し、お話をじっくりうかがいます。

ここでも「ご迷惑をおかけしております」など、赤ちゃん連れのご家族に責任を負わせるような言い方はNGです。

「申し訳ございません。ただ今ご様子をうかがって、できることがないか確認してまいります」

と言って、お怒りの方の心のささくれを少しでも軽くできるように配慮します。

ＣＡは泣き声を騒音だと見なすことも、クレームを理不尽だと断じることもありません。ＣＡの役割は、警察官のように秩序を守ることではなく、**皆様に快適に過ごしていただくお手伝いをすることです。**全員がたいせつなお客さまであって、トラブルの原因は泣いている赤ちゃんでも、怒っている男性でもありません。

双方の思いを受け止めて対応することが、その他のお客さまへの安心感にもつながるのです。

このように、双方に上手に配慮しなければいけないシーンがあるのは、なにもＣＡに限った話ではありません。

あちらと、こちら。

両方をまるくおさめないといけないシーンはたくさんあります。この章では、そんな困った状況への対処法をお伝えしてまいります。

魔法の言葉

「できることがないか確認してまいります」

10

関係がこじれている2人を、どちらも悪く言わずになだめる

NG ワード

「落ち着いてください」

部下同士がライバル視して意地を張り合っている、上司同士が裏で陰口を言い合っている、夫婦仲が少しずつうまくいかなくなっている、結婚してから学生時代の友人とギクシャクしはじめた……。

人間関係の問題はどちらが正しくて、どちらが間違いというものではありません。それぞれが、**「自分の考えが正しい」**と思うところからすれ違っていくものです。それを当事者以外の人が改善するのは、なかなか難しいもの。しかし、気づいてしまった以上、手を差し伸べなければいけない状況があります。

以前、羽田からハワイに向かう便で、お客さまとのこんなやりとりがありました。

リゾート地に向かう機内というのは、お客さまの気分の高揚が伝播《でんぱ》するのか、概して軽やかな雰囲気になります。

ところが、搭乗時からどうにも表情がさえないご夫婦がいました。

奥様は妊娠中で、安定期に入ったところでのハネムーンと推測していました。

このご夫婦、ずっとちょっとしたことで言い合いになっています。奥様はナイーブになっていて、旦那様はそんな奥様を気づかうのに疲れてイライラしている、そんな雰囲気を感じていました。ＣＡとしては双方を気づかう必要があります。私も妊娠、出産の経験があるのでわかりますが、妊娠中は体温が上がり、でも、体を冷やしてはいけないということで飛行機での移動はなにかと大変です。
そこで、お食事のサービスが終わって一段落ついた頃、奥様に、

「ご体調にお変わりはないですか？」

とお声がけをしました。また、機内の空調の温度を下げるときも、「皆様、薄着になっていますので、温度調節をしていますが、毛布をもう1枚お持ちしましょうか？」など、折を見て声をかけるよう心がけました。

「片方にだけ」声かけすれば双方やわらぐ

すると、飛行機から降りる際、その奥様がお手紙をくださったのです！

「いろいろ事情があって、夫とこの飛行機を利用することになりました。妊娠中ということもあり気持ちが不安定でしたが、つねに見守っていただいている感じがうれしかったです。そんなふうに子どもを育てていきたいと思います」

うれしくて思わず涙がこぼれました。ご夫婦の間に入り、剣呑《けんのん》な雰囲気をやわらげることはできませんが、「いつでもお手伝いします」というメッセージを発することはできます。

そのときは、**不安をより抱えていそうな奥様に集中してお声がけしたことで彼女の気持ちがやわらぎ、それによって旦那様の気持ちも整えることができました。**

このとき2人それぞれに声をかけようとして、旦那様にも「落ち着いてください」などと言ってしまっていたら、きっとうまくいかなかったことでしょう。

不安の大きそうな人に声がけすることで、双方を安心させることができるのです。

魔法の言葉

「ご体調にお変わりはないですか？」

11

意見の違う部下Aと部下B、やる気を削がず仕事をさせる

NG
ワード

「大人なんだから、細かいことは気にするな」

フライトのあとはかならずチーフパーサーを中心に客室部門のクルーが集まり、反省会を行います。その際、お客さまへのサービスの仕方について話し合うことがあります。

たとえば、窓から熱心にお台場の夜景を眺めているお客さまがいたので、「本当にきれいな夜景ですね」と声をかけたＣＡがいました。しかし、「そこはそっとしておくべきではないか」と違う意見を持ったＣＡもいます。

こうした熱心な意見の交換がサービスの質を高めていくことにつながるので、チーフパーサーとしては、どちらの意見も前向きに評価していきます。

とはいえ、**違う意見同士が過度にぶつかり、関係性が悪くなってしまうこともあるので、上司は注意が必要です。**

ＣＡに限った話ではありません。

同僚同士、部下同士の意見が衝突したり、関係がこじれたりした場合を考えてみましょう。

ここでＮＧなのは、両者の関係を一気に改善しようと**「大人なんだから、細かい**

ことは気にするな」などと双方に説教してしまうこと。

必要なのは、直接介入するのではなく、互いが歩み寄れるよう感情の橋渡しをすることです。

たとえば、部下のAさんが「Bさんは、ひどいです」と愚痴ったときには、

「でもさ、Bさんは Aさんのことを評価していたよ。きっと期待の裏返しじゃない?」

と伝えてあげるのです。

一方、Bさんが「Aさんは仕事に熱心に取り組んでいるけど、やり方が効率的じゃないよね」と言っていたとしても、

「Aさんは、Bさんのことを仕事熱心だと感心していたよ」

と翻訳します。そういったメッセージをくり返し伝えるうち、AさんもBさんも

気持ちがほぐれていきます。**お互いがお互いをほめている、という空気を作ることで、2人の心の距離は近づくはずです。**

そのタイミングを見計らって、2人が直接コミュニケーションをとる場を設けましょう。

人間の組み合わせは、1+1がつねに2になるとは限りません。ときにはいがみ合い、1以下の力しか出せないことがあります。もしあなたが上司や先輩として関わるのなら、双方が高め合い、2以上の実力が発揮される状態に導きたいものです。

「ほめた」つもりで、けなす人

また、「ほめる」ときのポイントについてもお話ししておきますね。

一般的に部下や後輩の伸ばし方として、「ほめましょう」というアドバイスがあります。

たとえば、次のような言い方は前者が「○」で後者が「×」です、と。

○「その意見はすばらしいね」
×「その意見はすばらしいけど」

たしかに、「○」の言い方はほめられて、うれしい気持ちになれます。「けど、」「ですが、」は使わないほうがいいというアドバイスはしっくりきます。

しかし、多くの上司、先輩がこのあとの言葉で部下や後輩のやる気を削いでしまっているのです。

×「その意見はすばらしいね。でも、全体的に見るとまだまだかな」
×「その意見はすばらしいね。ただ、少しだけ手を加えたいところが〜」

どうでしょうか。部下、後輩の立場になって読んでみると、ほめられている感が薄らぎ、「問題を指摘するために、あえてほめたんだな」と思ってしまいませんか？

そうなんです。

「すばらしいね」で切ってからの、「ただ、」「でも、」「しかし、」は「けど、」「ですが、」と同じくNGワード。

「すばらしいね」とほめてから、「ただ、」「でも、」「しかし、」が続くと、相手の気持ちを上げて、そのあと下げてしまうからです。

あなたが上司や先輩の立場で、部下や後輩になにかアドバイスし、お願いするため、事前に10か所ほめたとしても、そのあとに1か所だけ「ただ、」「でも、」「しかし、」を追加したら、その会話は相手にとって説教に変わってしまいます。

部下や後輩からすると、

「あ、それが言いたかったから、あえてほめたんだ」
「指摘することがあるなら、まどろっこしい言い方をせずに言ってほしい」

と感じるものです。「ただ、」「でも、」「しかし、」のあとに続いた小言のような上司や先輩の発言が、かえって印象に残ってしまうのです。

部下がやる気になる「接続詞」の魔法

ですから、「すばらしいね」のあとに続くべきなのは、

「さらに、」

「ますます、」

「もう一段、」


などのポジティブな言葉です。

ほめられて、うれしくなった気持ちはそのままに、

「もっともっと良くなるためにはこうしましょう」

「もう一段、質を上げるためにこうしたら？」

と提案していきます。

「さらに、」「ますます、」「もう一段、」を使った言い回しは、問題点を指摘しつつも相手には、

「あなたがもっと伸びる可能性はここだよ」
「まだまだ伸びる可能性を秘めているよ。期待している！」

というニュアンスで伝わります。
「すばらしい」を下げない。これがポイントなのです。

魔法の言葉

「さらに、」
「ますます、」
「もう一段、」

12

なごやかグループとぴりぴりグループ、双方気まずくさせずに、職場に締まった雰囲気を取り戻す

NGワード

「ちょっと静かにしてあげて」

正社員、契約社員、派遣社員、アルバイト、パート、インターンなど、日本の会社でも社内でさまざまな属性の人たちが一緒に仕事をするのが一般的になってきました。

かつては細かなルールを決めなくても、職場の雰囲気やカラーが定まり、仕事がスムーズに進むことが多かったように思いますが、立場や前提の異なる人たちが集まったことで、小さな摩擦が生まれやすくなります。

どうも仕事がうまく進まない。
指示どおりに動いてくれない。
相手が思ったように振る舞ってくれない。

こんなとき、**原因を突き詰めていくとぶつかるのが、人の感情です。**
いくら効率化、ＩＴ化が進んでも、感情のもつれは解決できませんよね。
それをときほぐすのが、気づかいのこもった言葉の力です。

私がANAグループの研修会社に出向し、研修部門で管理職をしていたときのこと。その部門には、事務作業だけを専門に処理してくれる派遣社員の女性たちがいました。コアタイムの6時間で目一杯の入力作業をしてくれる彼女たちの集中力はすばらしく、心強い戦力でした。

一方、そんな彼女たちのデスクのそばに、私を中心とした女性社員が何人かそろっていたのです。私たちは、事務作業チームとは違い、仕事の相談をしながらついつい雑談をしてしまうことも珍しくありませんでした。

ある程度の雑談は、職場の雰囲気も明るくなり、デメリットばかりではありません。しかし、繁忙期に入り、事務作業チームの派遣社員たちが慌ただしく入力処理を行っていても、手を動かすわけでも、入力を手伝うわけでもなく、雑談を続けてしまっていました。

当然、事務作業をしているグループはおもしろくありません。

しかし、立場の違いもあり、直接、文句を言いづらい関係ですから、そのチームのリーダーが状況を変えなければいけません。

こうした状況でリーダーが口にしてしまいがちなNGワードは、

「ちょっと静かにしてあげて」

「おまえたち、うるさいぞ」

といったストレートな物言いです。

たしかに、注意したそのときは静かになります。

しかし、言われた側の心には、

「どうして、私たちだけ……」

「恥をかかされた……」

という納得のいかない感情が残ってしまいます。それは遠からず注意した側への悪感情となって、職場の雰囲気を悪くする要因となっていきます。

注意しなくても、雑談がピタリと止まる方法

こんなとき、あなたなら、どんな言葉で働きかけるでしょうか?

当時の私の上司は、全員に聞こえる声で、一生懸命に事務作業を担当するグループに対して、こう言っていました。

「入力の処理でなにかわからないところがあったら、声をかけてね」

そうすることで雑談中だった私たちも、

「今、事務作業チームは繁忙期だった」

と気づきます。

たったそれだけ？　と感じるかもしれませんが、大きな効果がありました。雑談中のグループは話をやめたり、声を小さくして周囲に配慮したりするようになります。

こういった、小さな摩擦が生じているシチュエーションに必要なのは「気づき」です。周囲の仕事の状況がわかるだけで、適度な緊張感を取り戻すことができるのです。

正社員、契約社員、派遣社員、アルバイト、パート、インターンなど、立場は違っても、作業を分担し合って価値を作り出しているメンバーに変わりありません。チームリーダーが目指すべきなのは、同じ環境にいる全員のパフォーマンスを整える振る舞いです。

「言いにくいことを言うのがリーダーの仕事」と自分に言い聞かせてまで、安易に一方を叱ったり、注意したりする必要はありません。

もっとスマートに解決できるはずです。

ストレスを感じている人やグループに対して、気づかいの言葉を、それも大きな声でかけることで、ストレスをかけている人やグループの言動にも変化は起こせます。本人が「あっ」と気づいて行動を変えた場合、悪い感情は残りませんから、職場の雰囲気も悪くならないのです。

魔法の言葉

「わからないところがあったら、声をかけてね」

13

上司Aと上司B、どちらも立てて思いどおりに動かす

NG ワード

「早くしてください」

対部下の話をいくつかしましたが、ここからは対上司の話。相手が目上だけに、伝え方が難しいことも多いですよね。特にやっかいなのが、2人の上司が違う意見だった場合です。

上司Aと上司B。

それぞれ誠実に仕事をされているものの、だからこそ、なかなか意見が一致しないことがあります。たとえば、コスト削減を求める総務部門の上司と、お客さまの満足度を上げるためには一定の支出は必要だと考える営業部門の上司。ともに会社のために結果を出そうとしているにもかかわらず、意見がしばしばぶつかってしまいます。こうした状況はどんな業種でも起きるものです。

そんな2人の上司の間に入って仕事をすることになったら、どのように振る舞えばいいのでしょうか。

航空業界の現場で客室部門がこうしたジレンマに悩まされることになるのは、離陸前の飛行機に不具合が見つかったケースです。

運航のリーダーであるキャプテンと機材整備のリーダーである整備士の判断が食い違ったとき、CAは間に挟まれる形になります。

専門的な部分を省略してご説明すると、飛行機には主要なパーツが2つ搭載されていて、たとえひとつに不具合があったとしても、バックアップが働くことが確認されれば、フライトの準備に入り、飛行することができます。この判断をするのがキャプテンと整備士です。

つまり、整備士が整備完了のゴーサインを出し、キャプテンがOKすると、お客さまを機内に案内することができる仕組みになっています。ところが、キャプテンには整備士のゴーサインにNOを出す権限もあります。

整備士がバックアップのパーツで十分安全に飛行できると判断し、ゴーサインを出したあとで、機長が、

「もし、飛行中のトラブルにつながったとき、責任が取れるのか」

と再点検を求めることがあるわけです。

整備士は世界最高峰の基準を担うプロとして、あらためて、規定に従った判断だと機長に説明します。しかしそれでも、機長も人命を預かるプロですから、主張がぶつかった場合、**大幅に搭乗時間が遅れてしまいます。**

その間、お客さまは搭乗ロビーで待ちぼうけとなり、今度は空港部門のスタッフから客室のＣＡに、

「いつになったら搭乗案内ができるのか？」
「このままでは、お客さまの搭乗案内時間を過ぎてしまいます」

という問い合わせが入るわけです。

私もチーフパーサーとして、この板挟み状態を経験しましたが、客室部門はなんの判断も下せない立場です。搭乗案内を開始するには整備部門と運航部門のＯＫが必要で、この２つの部門のリーダーの意見が一致しない間は、物事は動きません。

とはいえ、航空会社にとって定時運航は、安全と同じく最大限順守しなければばい

けない掟《おきて》のようなもの。チーフパーサーは空港部門の話を聞き、機長と整備士に掛け合います。

その際、ベテランのチーフパーサーがやってしまいがちなNGが、

「搭乗案内OKですか!?　整備部門からはOKが出ているんですよね？」

と機長に聞いてしまうこと。ベテランになると機長よりも年齢が上ということも珍しくないため、板挟みのしんどさからストレートな聞き方になってしまうのです。「早くしてください」などと判断を急《せ》かすような物言いもよくありません。責任を取る立場にいるのは機長ですから、越権行為と受け取られかねません。機長からすれば、「なにがOKか、わかって言っているのか」と思うのも当然だからです。

実際、CAは機体の安全性についてはなんの責任も持てません。

自分の責任から逃れるため、苦しさ、しんどさから解放されるため、相手に「YESかNOか」を迫る聞き方は、対上司に限らず、お客さま、同僚に対してもNGです。

「上司」の都合ではなく、「お客さま」の都合に合わせる

ただし、そのまま放置するわけにもいきません。CAには、お客さまに説明をする責任があるからです。

そこで、こんな状況のとき、私がかならず行っていたのは「**お客さま**」という言葉を使うことです。安全運航も定時運航もすべて、航空会社がお客さまに提供する「安心と信頼」という価値を支えるためのもの。整備士も、キャプテンもお客さまに喜んでいただくことにはプライドを持っています。

「お取り込み中すみませんが、あとどのくらいかかるか、搭乗ロビーでお待ちになっているお客さまに目処《めど》をお伝えしたいのですが」

こう問いかければ、どちらの部門のリーダーも正確な情報を出すための努力をしてくれました。

一方、その間、お客さまに対してはとにかくお詫《わ》びをします。

「大変お待たせして申し訳ございません。ただいま機体の一部に不具合が見つかり、安全を最優先に確認を進めております。皆様にはご迷惑をおかけいたしますが、もうしばらくお待ちください」

こうしたアナウンスを入れるタイミングは、チーフパーサーや地上係員の判断に委ねられています。私がチーフパーサーのときは変更点がなくても、かならず15分に1回はご案内のアナウンスを入れるようにしていました。

これはお客さまの不安な気持ちを少しでもやわらげるためです。

しかし、**最終的に機長が整備部門の説明に納得しなかった場合、飛行機自体を交換するという判断に至ることもあります。**

こうなると本当に大変です。特に国際線で食事もすべて載せてしまったあとでの機材変更となると、ミールのトレーをカートから取り出し、別のカートに載せ替えるといった作業も生じます。というのも、国際線使用機では同じボーイング787型機でも、機内の構造がまったく同じ規格であることのほうが少ないからです。

こうした細かい対応を含め、**作業には1時間近くかかります。**その間、お客さまをお待たせすることになり、当然、到着時間もずれ込んでしまいます。

とはいえ、機長の判断は空の上で深刻なトラブルになる可能性を限りなくゼロにし、安全な運航というお客さまにとってもっとも重要な価値を守るためです。いったん、機材変更という判断が下れば整備部門、空港部門、客室部門が一体となって、お客さまをお迎えする準備に奔走します。

判断基準が「お客さま」という点でぶれていなければ、部門間の壁はすぐに越えることができます。もし、上司と上司の間で板挟みになったときには、あなたの会社がもっともたいせつにしている相手や価値を拠《よ》り所にしましょう。

その価値を守るために2人の判断が必要です、という立場を貫けば、板挟みによるトラブルは避けられるはずです。

魔法の言葉

「お客さまに目処をお伝えしたいのですが」

14

間違っている上司と的確な上司、どちらも立てて仕事を進める

NGワード

「○○さんにも困ったものですね」

ＣＡ時代、客室部門の代表のひとりとして社外のメディアに掲載される文章を書く機会がありました。しかし、ちょうど他の業務も重なっている時期で、なかなか書き上がりません。困ってしまい、直属の上司に相談すると、

「6割ぐらいの出来でもいいから、一度課長に見てもらったら？　手直ししてくれるよ」

とアドバイスしてくれました。

そこで、「このくらい書けていればいいかな」というそこそこのレベルの原稿を仕上げ、課長のところへ行くと、

「加藤さん、この原稿は、100点と言えるレベルのものを持ってきたの？　それともとりあえず見てもらいたいという感覚？」

ときつい調子で言われてしまいました。

上司の話となにか違う……と思いながら、「すみません、どんな方向で書けばいいか迷ってしまったので、一度、見ていただきたいんです」と言うと、「じゃあ、今回は見るけど、とりあえずの出来を持ってくるというのは、本来、失礼なことだからね」と気分を害されてしまいました。

結局、原稿には厳しい赤字が入り、何度も書き直すことに……。

これは私の経験した些細《ささい》なケースですが、その後、管理職となってからは、部と部の意見が対立して、両部門を橋渡ししながら仕事を進めていた私のチームが板挟みになることもありました。

部門を横断して進めている企画、相性の悪い課長と課長代理、現場たたき上げのリーダーと経理出身のリーダーなど、上司同士の意見が食い違い、あちらを立てれば、こちらが立たず……ということがあります。

しかも、あなたの立場からすると、一方が的確なことを言っていて、もう一方が的外れな判断をしているとき、どう対応するべきなのでしょうか。

こんなとき、**NGなのはどちらかの味方になってしまうことです。**

「○○課長の頑固さも、困ったものですよね」

「さっきの会議に出ていた○○部門のメンバー、そもそもこちらの話を聞く姿勢がありませんでしたよね。○○さんも調整、大変ですね」

特に、どちらかの上司の前で、もう一方をけなすような物言いには要注意。気持ちをやわらげようとしてその場にいない人の悪口を言ったとしても、相手が「そうだな」と同調してくれるとは限りません。

むしろ、あなたが**「人の悪口を言うタイプ」**というレッテルを貼られることもあり、立場を悪くしてしまう可能性があります。

人は、どうしても自分の仕事が進めやすい判断を下してくれる上司に気持ちが傾きがちになります。しかし別の案件では、的確な上司、間違っている上司が入れ替わるかもしれません。**ポイントは、的確な上司、間違っている上司、双方に「上司」として平等に接することです。**

板挟みを避けるためには、一方の上司の意見を聞き、もう一方の上司にも個別に同じ質問をしてみることです。

「私はこのように考えているのですが、○○課長はどう思われますか？」

考えを伝え、情報を共有した上で、意見を聞きます。こうして事前に相談しておけば、のちのち叱責されることもありません。

彼女のプロジェクトが白紙撤回されたワケ

最近、この姿勢のたいせつさを痛感したエピソードがありました。

ある企業で3年がかりの海外でのプロジェクトに関わっていた友人がいました。彼女はその案件のためにアジアのある国に転勤し、地元の企業と交渉を重ね、ようやくリリースできるという状態にまでもっていったのです。

ところが、リリースの数か月前、会社のトップが代わり、彼女の部のトップも外からのヘッドハントで入社した女性の上司に代わりました。

彼女はゴタゴタがあるかなと懸念していましたが、プロジェクトへの影響はありませんでした。ところが、リリースに向けた最後の調整を行っていたある日、彼女は会議の席で上司から「あの案件は白紙に戻します」と告げられたのです。

あまりのことに彼女は、「え！　おっしゃっている意味がわかりません！」とフロアに響き渡るほどの声で叫んでしまったそうです。

いくぶん、冷静さを取り戻したあと、上司に白紙撤回の理由を聞くと、「私、詳細を聞いていませんでしたから」とひと言。もちろん、上司がプロジェクトの概要を知らないわけがありません。

ただ、**上司としては細かい経緯についての報告、相談があってしかるべきなのに、担当者の彼女が勝手に案件を進めているように思えたのです。**

詳細も経緯もわからない案件に対して、決裁することはできない、というわけです。

結果、部署にとっても、会社にとってもプラスになるはずの案件にストップがかかり、上司のこの判断にショックを受けた彼女は退社してしまいました。

意見を採用しない上司の顔をどう立てるか

相談されていない＝自分は信頼されていない。そうとらえる上司は少なくありません。ですから、仮に間違った判断をしていると思える上司であっても、こちらから近づいていって相談、報告を欠かさないことです。ときには、

「本音のところを教えてください」

と切り込むのもいいでしょう。

重要なのは、言質《げんち》を取ることです。双方の上司の考えを聞き、準備することで間違っている上司、的確な判断をしている上司のどちらも立てることになります。

そして、締めくくりとしてかならず結果を報告し、感謝を伝えることです。

意見を採用しないほうの上司に対しては、

「今回は私の力不足でしたが、〇〇さんからいただいたアドバイスは貴重でした」

と伝えて顔を立てます。

意見を採用する側の上司には、

「〇〇さんに相談に乗っていただいたおかげです！」

と伝えましょう。相談と結果報告がきちんとできていると、相手は「また助けてあげよう」という気持ちになるものです。

魔法の言葉

「今回は私の力不足でしたが、いただいたアドバイスは貴重でした」

「相談に乗っていただいたおかげです！」

15

多数派と少数派、どちらにもファンになってもらう

NGワード

「たしかに暑いですね」

飛行機は公共交通機関として、寒い季節には機内温度を高くし、暖かい季節には低くしています。

ただ、お客さまの大多数が「ちょうどいい室温だ」と思われていても、なかには「暑い」「寒い」と感じられる方がいらっしゃいます。

一般的に「寒い」と感じる方は女性に多いので、女性のお客さまは快適だと感じていても、男性のお客さまが搭乗するなり、「ちょっと暑くない？」と言われることもあります。

このように多数派、少数派に意見が分かれてしまうのは、なにも機内だけではありません。社内の組織改編に対しての賛成派、反対派。忘年会の会場選びでの禁煙派、喫煙派。間に立つ役割となったときは、できるだけ双方に満足してもらいたいと思うものです。

こうしたとき、ＣＡがたいせつにしているのは、**判断基準の線引きをはっきりとさせることです。**客室内の温度設定で言えば、搭乗時の外気温と目的地の気温、座席の混雑具合などから温度を定めていきます。

そして、27度ならば27度と決めて、その温度をスタンダードにしながら、「暑い」「寒い」を感じそうなお客さま……恰幅《かっぷく》のいい方、妊娠中の方、着込んでいる方、薄着の方、小さなお子さま連れの方などには、

「機内の温度はいかがでしょうか?」

と先にお声がけをして回ります。

この声がけのねらいは、ご様子をうかがうことです。

もし、そこで「暑いんですけど」「寒いんですけど」というご意見があれば、「一度、確認してまいります。少々お待ちください」と離れます。

ポイントは、ここで「暑いですよね」「寒いですよね」と絶対に同調しないこと。少数派の意見に同意してしまうと、大多数のお客さまが感じている快適な状態を崩さなくてはいけなくなります。あくまでも大多数のお客さまに合わせてのスタンダードな温度設定を守ります。

そして、ご意見のあったお客さまのところに戻る際、「暑い」と訴えられた方には、

「この時期の標準的な温度設定でございましたが、**冷たいお飲み物や冷たいおしぼりはいかがでしょうか？**」

とおすすめします。

逆に「寒い」と訴えられた方には、

「この時期の標準的な温度設定でございましたが、温かいお飲み物やひざ掛けはいかがでしょうか？」

とうかがいます。

つまり、設定温度を変えるのではなく、別のアプローチで涼しさや温かさを感じてもらおうという考え方です。

また、搭乗中に時間ギリギリに「あと2名です」と空港スタッフから連絡が入ったら、すぐにお水が出せるよう用意をします。恐縮しながら急ぎ足でいらっしゃる方に、ほっとひと息ついてもらえるように、準備をしておくのです。

多数派、少数派を問わず、ファンになっていただくためには先手必勝の準備が欠かせません。

いきなり「同調」してはいけない

とはいえ、それでも不満が出てしまうこともあります。そんなときは、

「申し訳ございません。気がつかず、大変失礼いたしました」

と謝罪し、「暑いとお感じですか。今、確認してまいります」と不満を受け止め、共感しながら行動に移します。ポイントは、ここでは「たしかに暑いですね」とは同調しないことです。

ただ、確認した上で明らかに機内が暑くなっているときには、「たしかにちょっと暑くなっています。ご指摘ありがとうございました。設定温度を調整いたします」と、同調し、感謝を示します。

「ちょっと違うんじゃないかな」と思っても「暑いと感じられているのは、お客さまだけではないでしょうか」とは言えません。そんなときは「暑いとお感じですか。今、確認してまいります」と共感を示すこと。

そして、実際に指摘どおりだったときは、「たしかにちょっと暑くなっています」と同調し、感謝すること。

共感と同調。

微妙なニュアンスの使い分けによって、多数派と少数派の溝を埋めていきます。

共感は、喜怒哀楽を共有すること。

同調は、他人の意見・主張などに賛同すること。

同調は相手の意見への賛同です。すると、どうしても会話の主導権が相手に渡ってしまいます。ですから、**少数派のお客さまの意見に同調することは、多数派のお客さまが感じている快適さを犠牲にしてしまう可能性が出てきます。**

そうではなく、「暑い」「寒い」と感じている気持ちに共感し、感情を受け止めて、できるかぎりの行動で返すことです。

暑い方には冷たいお茶と冷たいおしぼりを。

寒い方には温かいお茶とひざ掛けを。

機内が明るすぎて眠れないという方には、アイマスクを。

急に機内が明るくなってぼんやりされている寝起きのお客さまには、ウェイクアップドリンクを。

不満の大もとを変えるのではなく、別のアプローチで解消できないかを模索し、準備し、交渉していきます。

そして、目的地に到着後、降機時に「暑い」「寒い」とおっしゃっていたお客さ

まには、

「いろいろとご協力いただきまして、ありがとうございました」

とご挨拶します。

こうすることで少数派の不満を解消しながら、ファンを増やしていくことができるようになるのです。

魔法の言葉

「暑いとお感じですか。今、確認してまいります」

第3章

「優劣」をつけなくてはいけないときの魔法

まさかのダブルブッキング！　どうやって謝る？

ある得意先から「来週の飲み会、楽しみにしています！」とメールが入ります。

ん？　来週の飲み会？

そういえば、そんな約束を以前にしたような気がする。

あわてて手帳を開いてみると、その日の夜には別の得意先との会食の予定が記入されていました。そのとき、初めて気づきます。

まずい、ダブルブッキングしてしまった……。

どちらもたいせつな得意先。

でも、体はひとつしかありません。

さて、どうしたものか……。

本章のテーマは「優劣をつける」です。

自分のミスでダブルブッキングしてしまったとき、どちらを断り、その際、どんな言葉をお伝えすれば相手の方は、気持ち良く「わかりました」と言ってくださるのか。こんな難題に、切り込んでいきます。

優劣をつけなくてはならないシーンは他にもたくさんあります。

たとえば、誰かと誰かの意見が対立した場合。リーダーや周囲の人は、どちらか一方の意見だけを採用しなければならないことがあります。

こんなとき、不採用になる人に対して、言葉のケアが必要です。

なぜ、私じゃなくて、あの人が選ばれるのか？

なぜ、自分だけが昇進できないのか？

なぜ、あの人の肩ばかり持つのか？

そんなふうに思われないように、適切にお伝えして、その人のストレスを取ってあげたいものです。

16

お客さまAとお客さまB、どちらも立ててまるくおさめる

NG ワード

「先にいらしたほうを優先します」

空港には、VIPのためだけに用意された専用のスペースがあります。皇族、政治家などの安全を確保するために、専用ルームや専用ルート、車寄せ、専用のセキュリティゲートなどが作られているのです。

私たちTOP VIP部門のスタッフは、皆様を機内からご案内し、車寄せで車にお乗せしてお見送りします。

そしてここには、私たちが頭を悩ませる、一番「言いづらいこと」が待ち受けているのです……。

言いづらいこととは、**車寄せで、いったいどなたの車から順番に待っていただくかの指示です。**

分刻みのスケジュールで動いているVIPの方々は、飛行機から降りたあと、できるだけ早く移動したいと思っています。ですから、通路を出て、最短距離で車に乗ることのできる「真っ正面」のスペースが、車寄せの〝上座〟ということになります。

ところが、そこに停《と》められる車は1台だけ。

ですから私たちは、VIPの中で「優劣」をつけて、先にお通しする人の車を正面につけていただき、他の方の車には、奥で待っていてもらうように指示をしなくてはいけないのです。

ウソをついてなだめると、次のトラブルを招く

1回のフライトにつき、搭乗されているVIPが2、3名であれば、大きな問題にはなりません。

スタッフが、お迎えの時間や歩く速さをきちんと調整して、VIPが車寄せに出るタイミングをずらすようにすれば、おひとりずつスムーズに車に乗っていただくことができるからです。

ところが、金曜日の午後や月曜日の朝など、VIPの利用が集中するフライト時には、そうはいきません。私たちがいくら時間調整をしても、どうしても数名は車寄せに出るタイミングが重なってしまうことになるのです。

すると、どうなるでしょうか。

お迎えのドライバーさんは、自分が乗せるVIPを真っ正面でお出迎えしようと、水面下での戦いが始まります。

時として、「先に来たのは、こっちだ」「いや、前回はゆずったのだから、今日はうちが先に停める」など、トラブルの元となってしまいかねません。

たとえば、同じ業界の大手企業のトップが2人、同じ便に乗っていた場合を想像してみてください。相手に上座を奪われることは、自分の担当VIPのメンツをつぶすことになる……。それぞれのお迎えのドライバーが〝上座〟の確保に必死になるのも当然のことです。

そんなとき、言ってはいけないことは、ありもしない「正義」や「ルール」を伝えて、お茶を濁すことです。

「先に車寄せに入った車両を先にご案内いたします」

「皆様、平等にお待ちいただいておりますので……」

など、本当は別のルールがあるのにもかかわらず、さもありそうな理由を伝え、あとから来たＶＩＰを前に割り込ませるようなことをしてはなりません。

その日はドライバーはなにも言わないかもしれませんが、「ＡＮＡのスタッフ、ウソをついたな」と思われ、信用をなくしてしまいます。

すると、次回にそのドライバーがいらっしゃったときに、たとえ本当に先に車寄せに来ていた車があったとしても、「またこいつらウソをついている」と思われてしまい、大きなトラブルにも発展しかねないのです。

そこで、ＴＯＰ　ＶＩＰ部門では、まず「誰に責任があるのか」を伝えることを心がけてきました。

優劣をつけなければならないときほど、責任の所在を明らかにすることが重要です。

「送迎の車列の停車位置は、私どもで指定させていただきます」

まずはこう伝えて、ルールを明確に示します。

その上で、**「なにかございましたら、私、加藤が承ります」**と名乗ります。

そうして、判断をしたのは誰なのかを明らかにしておくと、お客さまの怒りや不安はおさまっていくものなのです。

そして、大切なのは、「おまえは誰だ？」「お名前は？」と問われる前に、自分から名乗ることです。

よい対応ができたときには、名乗る必要はありません。お客さまが不愉快な思いをされたときや、される可能性があるときほど、名乗るようにしましょう。

「この件に関しては私が、部署に対してきちんと引き継ぎをいたします」

「次回お電話をいただくときには、もし私が不在でもわかるようにいたします」など、責任の所在を明らかにしておくことで、不思議とお客さまの怒りは爆発しないものです。

魔法の言葉

「なにかございましたら、私、加藤が承ります」

17

先約をしている人に「別の約束が入ってしまった」と角を立てずに断る

NGワード

「ご相談に乗っていただけますか?」

社会人にとって、ダブルブッキングはいつも思わぬ形でやってきます。それには、おもに2つのケースがあるでしょう。

ケース1 先約よりも重要な案件が飛び込んできてしまった

- 得意先と打ち合わせを予定していた日に、以前からアタックしていた新規顧客へのアポイントが取れてしまった。
- 前々からパートナーが楽しみにしていたディナーの日に、外せない接待が入ってしまった。

ケース2 うっかりダブルブッキングになってしまった

- 本社での重要なミーティングの日時を勘違いし、出張の予定を入れてしまった。
- 客先での商談の約束を手帳に書き写すのを忘れ、別の客先へ挨拶に行く約束をしてしまった。

誰もが一度や二度は経験している、こうしたシチュエーション。あなたは普段、どのように対処していますか？

正論は、もちろん、どんなときも先約を優先することです。

しかし、仕事をしていると、正直なところ「**先約は大事。でも、あとから入った約束はそれ以上に大事**」といった場面がありますよね。

その際、先約に対して言ってしまいがちなNGフレーズは、

「ご相談に乗っていただけますか？」

です。**あなたの都合で予定を変更したいのですから、先約の相手に対してすべきは「相談」ではなく、「お願い」です。**

ここは真正面から、

「折り入ってお願いがございます」

「大変申し上げにくいのですが、この日のご予定を変更していただけませんでしょ

うか」

と切り出すのが正攻法。相談という言葉で相手を巻き込むのはうしろめたさの表れです。

とはいえ、正攻法では相手が怒ってしまいそうなタイプの場合、自分の非を全面的に認めながら「うっかりパターン」の体で切り抜ける方法もあります。

「せっかくたいせつなお話をいただいていたにもかかわらず、私の不手際でこの日に先約のあったことが先ほど判明しました。大変申し上げにくいのですが、予定を変更していただけませんでしょうか」

じつは、先約があったにもかかわらず、私がうっかり忘れて、あるいはスケジュール管理が甘くて、あなたとの約束にお返事してしまったと伝えたほうが、先方は**「自分より先約がいたんだな」**と感じて納得していただけるでしょう。

どんなアポが入ったかは明かさない

ただし、正攻法でお願いする場合も、うっかりパターンの場合も、どんなアポイントが入ったかは明かさないほうがベターです。

私は以前、知人にアポイントの日時を変更してほしいと「相談」されましたが、その際のメールには「またとないチャンスがやってまいりまして」という文言があり、複雑な気持ちになったことがあります。

また、正直に「これを逃したら絶対にお会いできない方とのアポイントが取れたので」と明かしてくださった方もいましたが、それはそれで「そりゃあ、私にはいつでも会えますからね……」と思ってしまいました。

お願いしている側としては、いかにイレギュラーな出来事であるかを強調したいのだと思いますが、わざわざそれを相手に伝える必要はありません。

伝えるべきなのは、新しいスケジュールです。

「もし、可能でしたら明日以降、ご都合のよろしい時間を教えていただけないでしょうか。私はこちらとこちらの日であれば、すぐにうかがうことができます」

可能であれば、**本来の約束の日よりも早い日程を、いくつかの選択肢とともに示しましょう。**もともと8月5日の約束だったのであれば、8月3日や4日などの日程を候補に入れておくわけです。

仮に先方の都合が合わなかったとしても、「やりくりして早く会おうとしてくれたんだな」という誠意が伝わることでしょう。

魔法の言葉

「こちらとこちらの日であれば、すぐにうかがうことができます」

18

部下Aと部下B、昇進しなかったほうを落ち込ませずにやる気にさせる

NGワード

「私は評価していたんですが」

昇進した部下としなかった部下。それはつまり、上司が評価に優劣をつけ、会社もそれを認めたということです。

ANAの総合職もそうでしたが、一般的な企業で同世代の同僚との大きな差が見えてくるのは30代になってから。肩書きが他の同期よりも早くつく人、つかない人、社内で中核と見なされている部門に配属される人、されない人など、人事の扱いの違いが周囲から見ても明らかになるタイミングです。

昇進しなかった側は、自分と昇進した同期との違いがわからずモヤモヤしてしまうことでしょう。

私もANA客室部門管理職兼ANAラーニング株式会社の研修事業部主席部員などを経験し、中間管理職時代には部下の人事の問題に頭を悩ませてきたひとりです。

評価をつけた上司として、昇進した部下としなかった部下にどう接し、どんな言葉をかけていくべきなのか……考えた末の答えのひとつは「**相手の気持ちを聞くこと**」でした。結局、ここでもCA時代にお客さまと接する中で学んだ方法が役に立っていたわけです。

昇進した部下には内示の時点で一度話をしていますから、ここでは1週間ほど様子を見てから昇進しなかった部下に声をかけます。

「今回の人事について、今、どう思っていますか？」

ここでかならず守らなければいけないのは、**1対1、2人きりの状況を作ってから聞くことです。**

けっして、他の社員のいるフロアや廊下での立ち話的に切り出してはいけません。2人きりの状況を作るのは深刻すぎると感じるかもしれませんが、人事に関わる話は相手との信頼関係に大きな影響があります。

誤解のないようにしっかりと話せる環境作りがたいせつです。

その際、ついつい、

「今回は残念でしたけど」

「私は評価していたんですが」

など、**自分の体裁を守るための枕ことばをつけて話を切り出したくなります。しかし、これは逆効果です。**

繕うような言葉をかけたとしても、すぐに見抜かれてしまいます。部下の立場からすれば、「残念と言われても」「評価したと言うけど、同期のほうをより高く評価したのはあなたでしょう」と感じるだけです。

「昇進できなかった理由」は語らない

「今回の人事について、今、どう思っていますか？」という質問にどんな答えが返ってきても、まずはしっかりと聞き、部下の感情を受け止めましょう。

そして、もし、同期が昇進した理由を聞かれたら、なぜ、彼（彼女）が選ばれたのかを話します。

「グローバル化を進めるねらいで、今回は海外生活の経験がある帰国子女の彼が選ばれた」

「女性の管理職を増やしていきたいという人事のニーズによって、彼女が選ばれた」

など、**語るべきなのは、目の前の部下が昇進できなかった理由ではなく、昇進できた部下が選ばれた理由です。**

「なぜ、昇進できなかったのか」をていねいに語ろうとして、かえって部下がやる気をなくす、ということがよくあります。上司は、そんな言いにくいことを無理に語る必要はないのです。

自分と相手との差さえはっきりすれば、わだかまりは小さくなります。なぜなら、**「なぜ、自分ではなく、あいつだったのか？」**が、部下の一番聞きたいことだからです。その気持ちに上司として応え、相手が気持ちを切り替えるキッカケとしていきましょう。

そこから、次の人事考課に向けた新たな目標設定と、部下への期待を込めた依頼を行い、1対1での対話を締めくくります。

「私としても次の機会には強く働きかけたいから、具体的な目標を聞かせて」
「先週、受注した案件。ぜひ、あなたに任せたいと思っています」

部下の目線を「昇進できなかったショック」から「昇進するための目標」に変換することで、モチベーションをアップさせることができるようになります。

魔法の言葉

「次の機会には強く働きかけたいから、具体的な目標を聞かせて」

19

意見Aと意見B、一方を傷つけずにもう一方を採用する

NGワード

「あなたのダメなところは……」

管理職として部下からの意見を聞くのは、いつも楽しい時間でした。的確なときは感心し、予想外の意見が来たときは「そんな考え方もあるのか！」「そう来ましたか！」と驚きました。そんなとき、なぜ、そういう意見になったのかを想像し、確認できるのは上司の醍醐味《だいごみ》だと思います。

ある事案に対して、部下たちの意見が対立した場合があったとします。リーダーとして決定し、前に進めるためにはどちらかの意見を採用しなければいけません。その際、ケアしなければいけないのは採用されなかった側の部下です。彼らは、少なからず落ち込みます。プライドも傷ついているはずです。

そこで、**リーダーがやるべきことは、まず、不採用になった部下に対して、「もう一方が採用された理由」を伝えることです。**採用した提案のなにが良かったのか、今回のプロジェクトになぜふさわしかったのか、などを伝えます。

これによって、不採用になった部下は、採用になった提案と自分の提案のなにが違うかを自問自答しはじめます。**不満を募らせるのではなく、考えはじめる。**

次に、こう切り出します。

「○○という切り口はおもしろかった」
「この××という提案は、心に響きました」

などと良かった点について感想を伝えてあげましょう。その上で、今回は採用に至らなかった理由を伝えつつ、**良かった点を別のプロジェクトや仕事にいかす方法を一緒に考えてみます。**

たいせつなのは、「見通しが甘い」「本当に限界まで知恵を絞ったのか」など、**ダメな点をあげつらって、無理に改善を迫らないこと。**意見に不足があっただけで、あなたには変わらず期待しているというメッセージを発信することです。

今回は不足があったものの、あなたのいいところはわかっているから、別のシーンでいかしましょう、と。

部下にとっては、上司が味方でいることが、なによりも励ましになります。

あえてレッテルを貼る

上から下への期待の伝え方として、印象に残っているエピソードがあります。

高校時代、私には遅刻の多い同級生がいました。彼の遅刻グセが伝播《でんぱ》したのか、クラス全体の遅刻も増えていました。

8日間連続遅刻をした彼は、ある日、担任の先生に呼び出されます。当然、厳しく叱られるのかと思いきや、先生は、

「みんなが遅刻をしないように、おまえが先頭を切ってくれ」

「おまえなら遅刻する人の気持ちがわかるだろう」


とお願いしたのです。

その後、彼は周囲が意外に思うほどやる気になり、遅刻をしなくなっただけでなく、クラスメイトの遅刻を防ぐためのアイデアまで出すようになりました。

つまり、「ダメなところを直せ」と言うのではなく、

「ダメな状態を知っているおまえだからこそ、できるだろ」

と励まして、改善のリーダーにしてしまう。まさに、人の欠点をころんとひっくり返してしまう言葉の使い方です。

部下や後輩には一人ひとり個性があり、得意なことも違います。

それを逆手にとって、「レッテルを貼ってしまう」のです。遅刻の常習犯だった同級生をクラスの遅刻削減リーダーにしてしまった担任の先生が行っていたのは、まさにこの方法です。

「〇〇＝あの人」という形で、その人の得意なことはもちろん、ダメなところまでを際立たせ、自覚させ、やる気を奮い立たせてしまうのです。

新企画の立案ならAさん、年配のお客さま対応ならBさんなどといった形で仕事を任せていくうち、本人の成長を加速させることができます。

私自身、ＶＩＰ対応の部署に異動後、強烈なキャラクターと長い話で敬遠されがちだったあるＶＩＰに気に入られ、「あの人はアカネさん担当」と任されるうち、どんなにクセのあるタイプのお客さまでも柔軟に対応できるようになっていきました。

すると、より対応の難しい状況でも頼られるようになり、部署内での評価も上がっていったように思います。

「リーダーとは、『希望を配る』人のことを言う」

とは、19世紀のフランス皇帝ナポレオン・ボナパルトの残した名言のひとつです。

ナポレオンは、組織のトップに立つ者の欠かせない素質として、「希望」＝「モチベーション」をチームに配ることだと指摘しました。

モチベーションは目には見えない心の動きですが、チームが最大限の能力を発揮するには必要不可欠なもの。上司は部下がへコんでしまったときほど、希望を配る人になりたいものです。

魔法の言葉

「ダメな状態を知っているおまえだからこそ、できるだろ」

20

部下と他部署が対立、えこひいきせずに部下を守る

NGワード

「〇〇ががんばっているから応援してやってください」

営業部門と生産部門など、企業規模にかかわらず、部門間の対立というのはつねにあるものです。

ANAでもかつては「CAは特別扱いされている」というイメージが先行し、客室部門と空港部門がギスギスした関係になっていた時代があります。

管理職の立場になってみると、こうした対立の理由の多くは「立場の違い」で、きちんとコミュニケーションを重ねていけば解決できるケースがほとんどでした。

とはいえ、たとえば部を横断した新サービスの立ち上げなどで、自分の部下が他部署のスタッフからダメ出しをされた場合などには、上司としては部下を守ってあげたいところです。

ただし、やり方を間違えると守るどころか、部の評価そのものを下げる結果にもなってしまいます。

そんなとき、**たいせつなのは個人を前面に出して話さないことです。**

リーダーはまず、自分と同格の担当者に連絡を入れ、部と部、課と課の話にします。

「○○ががんばっているから応援してやってください」
「○○の意見を却下したようですが、どこが悪かったのですか？」

と言うのではなく、

「○○の意見を聞き、私もお互いの部にとってプラスになるなと判断し、○○に提案するよう勧めたのですが、どうもそちらの部のご意向とそぐわなかったようだと報告を受けまして、少しお話しさせていただければと連絡しました」

と切り出しましょう。

個人を前面に出すと、自分の部下をかわいがっているだけの印象を与えてしまいます。

相手が「この人は自分の部下を守ろうとしている」という第一印象を持ってしまうと、その後の交渉に対しても感情的に言っていると受け取られてしまいます。気持ちはわかるけど、そういう問題じゃないよね、と。

ましてや「うちの〇〇に限って、ヘンなことを言うとは思えないんですけどね」などと露骨に部下をかばうと、大きな衝突を引き起こしかねません。

「どの辺りが問題になっているのか、今後のためにも、お聞かせいただけないでしょうか？」

と、将来に向けた改善のためであることを前面に出します。

そして、「他部署からの意見を聞き、修正案を考えるのは〇〇にとってもいい成長の機会になると思うので、ぜひお願いします」と締めくくります。あくまでも部署同士のより良い関係のため、将来のため、仕事のため、という協同関係に持っていきましょう。

そうすれば、お互いに仕事を通じてなにを目指しているのかという建設的な話し合いになります。

個人を罰しても意味がない

　私が客室部門の管理職だったとき、起きがちだった部署間の対立は、お客さまへのクレーム対応でした。それも飛行機を降りたお客さまが、地上係員に機内での出来事へのクレームを伝えた場合です。

　クレームの受け手となった空港部門は客室部門へ報告し、そのフライトのチーフパーサーに確認が来ます。

　こうしたケースではほとんどの場合、機内でのやりとりで完結した話だったはずが、降機後にお客さまの怒りが再燃するという流れを踏んでいます。そこで、まずは感謝を伝えるようにしていました。

「ありがとうございます。ご意見を聞いていただいたんですね」

　そして、「じつは、そのお客さまからは機内でも十分にご意見をうかがい、担当したCAとも話し、了解いただいたという認識でした。誤解もあるようなので、お客さまがどのようにおっしゃっていたかについて、申し訳ありませんがレポートで出していただけますか」と続けます。

これは、**その場のやりとりで白黒つけてしまわないためです。**

私たちの共通の目的は「お客さまに喜んでいただくこと」ですから、誰がどんなミスをしたか、誰がクレームを受け取ったかは重要な問題ではありません。目指しているサービスを実現するために、クレームの内容と善後策、再発防止策をすり合わせませんか、という姿勢で臨むことがたいせつなのです。

魔法の言葉

「どの辺りが問題になっているのか、今後のためにも、お聞かせいただけないでしょうか？」

21

劣をつけた相手に、後日、なんと言ってやる気にさせるか？

NGワード

「みんなできているんだから、大丈夫」

ＣＡを目指す新入社員は新人研修を受けたあと、約2か月の専門訓練に入ります。その際、行われるメニューのひとつが、**「保安訓練」**です。

この訓練では飛行機の構造や運航に関する知識を学ぶ座学の航空知識、日常保安業務、緊急事態発生時の処置などに加え、消化器や非常用酸素ボトルの使用法を学ぶ非日常機器実習などのカリキュラムがあり、訓練の大詰めには「スライディングとスライドラフト（ボート）実習」があります。

スライディング実習では、不時着した飛行機から緊急時用のスライド（滑り台）を使って避難する方法を体験。スライドラフトは海の上など、水上に避難したあと、ボートに乗り移り、移動する方法を体験します。

こうした一つひとつの実習でインストラクターから合格サインをもらわないと、新人は現場に出ることができません。

私が教官を務めていたある年、怖くてどうしてもスライドを滑り降りることができない新人がいました。

たしかに、飛行機の扉から地上まではビルの3階くらいの高さがあります。そこを滑り降りるわけですから、高いところが怖い人にとっては相当の思い切りが必要になるのでしょう。

彼女は同期の新人CAたちが次々とクリアしていくのを横目に、泣きだしてしまいました。とはいえ、CAは緊急時にお客さまを迅速に安全な環境へと導くミッションがあります。怖い……とは言っていられません。

教官としてはなんとか覚悟を決めてクリアしてもらいたい。どうやって背中を押してあげたら、勇気が出るだろうか？　と考えました。

「あなた、本気で客室乗務員になるつもりなの！　だったら滑りなさい」

「スライディングができないとCAになれないのよ」

と言うのでは、より頑《かたく》なになってしまいます。また、

「みんなできているんだから、大丈夫」

など、周囲と比べるような言い方は、劣等感を刺激し、「できない自分」を責める方向に意識を向けることになってしまいます。

結局、その日はうまく背中を押すことができず、彼女だけスライディングをクリアできないまま、次の訓練に移ることになりました。後日、再試験ということにしたのです。

再試験合格のキッカケになった言葉とは

その間、私は彼女のプロフィールを再確認。子どもの頃から剣道に打ち込み、大学でも剣道部だったことを知り、再試験の前にこんなふうに聞いてみました。

「剣道で相手が面を打ちに来たとき、怖くないの？」

「大丈夫です。打たれない自信がありますから」

「じゃあ、剣道のときの気持ちを思い出したら、スライディングも滑れるんじゃないかな？」

すると、彼女は前回の姿がウソのように何事もなく滑り降りることができました。ただ、地上に降りたあとは安心したのか大泣きでしたが……。

滑れないダメな自分にフォーカスさせるのではなく、成功体験を思い出してもらい、自信を取り戻してもらうこと。できる自分、できた自分に意識を向けることで、今の困難を乗り越えるエネルギーが湧いてきます。

これは彼女だけに限らず、ダメ出しをして落ち込んだ部下や後輩に、後日、やる気を取り戻してもらうときに使える言葉がけの方法です。

ほめ方や指摘の仕方があまりにも露骨だと、「無理に励まそうとしている」と思われて、逆効果になることもあるので、「言うかどうか迷ったんだけど」という枕ことばが有効です。

「言うかどうか迷ったんだけど、あなたの良いところって」
「言うかどうか迷ったんだけど、部長もこの間の企画案、評価していたみたい」

こうすることで、相手には、あなたがずっと感じていたことを素直に伝えてくれた、という印象が残るはずです。

その場かぎりの、たんなるおべっかで言っているのではなく、考えた末に伝えてくれた、と思ってもらえれば、こちらの思いを受け止めてくれることでしょう。

魔法の言葉

「言うかどうか迷ったんだけど」

終章

チボリバルーンと空こうのおねえさん

ＡＮＡはあるキッカケによって組織の常識が変わるまで、トップダウンで物事が決まっていく会社でした。

ＣＡだけに限った関係で言えば、チーフパーサーの判断が絶対で、他のクルーはなにも言い返せない雰囲気がありました。

そんな流れが大きく変わったのは、旅客サービス部門の責任者が空港の一スタッフの声を受け止め、相手を立てながら、部門を超えてお客さまの喜びのために一致団結していったある出来事があってからです。

それは「チボリバルーン」のエピソードとして、ＡＮＡの教育の現場で紹介されています。

チボリバルーンのチボリとは、２００８年に閉園した岡山県倉敷市にあった倉敷チボリ公園のことです。

閉園の年の年末、岡山空港の空港スタッフが手荷物検査場の前で泣いている女の子と彼女を慰めるお母さんとお姉ちゃんを見かけ、声をかけます。

事情を聞くと、手荷物検査場で係員からチボリ公園のおみやげに買ってきたチボリバルーンというヘリウムガス入りのバルーンをたたんでくださいと言われたそうです。これは安全管理上のルールでどうにもなりません。

それでも泣いている女の子、1年生のあゆみちゃん(仮名)にはどうしてもチボリバルーンを家に持って帰りたい事情がありました。

あゆみちゃん親子は半年前まで倉敷市に住んでいたそうです。でも、お父さんが病気で亡くなってしまい、お母さんの実家のある九州に引っ越しました。

この日は、久しぶりに倉敷へ遊びに来て、お友だちたちと懐かしいチボリ公園へ行ったのだそうです。チボリバルーンはその記念でもあり、お父さんとの思い出のバルーンでもありました。

事情を知った空港スタッフはどうにかしてあげたいと思ったものの、安全管理上のルールですから従わなくてはいけません。

「申し訳ありません」「ごめんね」と言いながら、あゆみちゃんと一緒にバルーンをたたんで出発を見送ったそうです。

その日の夜、空港スタッフは反省会であゆみちゃん親子の話をしました。通常であれば、「一緒にたたんであげたのはいい判断だったね」で終わるところです。しかし、ここでスタッフは旅客サービス業務の責任者に相談しました。

すると、上司である責任者はスタッフに、

「君はどうしたいんだい？」

と尋ねたそうです。すると彼女は、

「あの女の子にふくらんだバルーンを届けてあげたいです」

「そうだね。じゃあ、どうしたらいいだろう？」

と、答えました。ここから部門や役職の垣根を越えた話し合いが進みました。

その結果、後日、あゆみちゃんからこんなお礼の手紙が届きました。小学1年生からのひらがなの手紙です。

空こうのおねえさんへ

クリスマスに、くらしきのチボリこうえんにいきました。

わたしは、くらしきで生まれました。

だからくらしきには、わたしのおともだちがいます。

チボリこうえんには、ともだちと、ともだちのおかあさんと、わたしのおかあさん、おねえさんの6人でいきました。

その日は、とてもさむくてゆきがちょっとふってきました。

1日たのしくすごし、よるに、みんなでかんらん車にのりました。

かんらん車は、とても大きくて、たかかったです。

かんらん車のまどから下を見ると、イルミネーションがとてもきれいでした。

かえりにチボリバルーンをかいました。

つぎの日、いよいよかえりのじかんがきたので、空こうにいきました。

ひこうきにのるとき、

「ふうせんをそのままでは、もってかえれないよ」

といわれました。

きあつのかんけいだそうです。

わたしは、かなしくてないてしまいました。

おかあさんもないていました。

なぜかというと、わたしのおとうさんは、7月にがんで、天ごくにいってしまいました。

チボリこうえんは、おとうさんといっしょにいったおもいでのばしょです。

だからわたしもおかあさんもチボリバルーンをしぼませるのがかなしかったのです。

でもしぼませてもってかえってきました。

お正月に、空こうのおねえさんからチボリバルーンがおくられてきました。

はこからチボリバルーンを出すと、まっすぐ上にうかびました。

わたしは、とてもうれしかったです。

中には手がみもはいっていました。
「バルーンをしぼませてごめんね。
また、ぜひおか山のチボリこうえんにあそびにきて下さい」
とかいてありました。

わたしは、空こうのおねえさんに、お手がみをかきました。
おれいのものもいっしょにいれました。

そのチボリバルーンは、おうちでいまもうかんでいます。
だから、大すきなおとうさんとのおもいでがこわれなくてよかったです。
おとうさんも天ごくから
「あゆちゃんよかったね。
おねえさんはこころのきれいな、やさしい人だね」
といっているかもしれません。
おねえさんと、であえてよいりょこうになりました。

じつは、あゆみちゃんたちが乗った便はANA便ではありませんでした。しかし、地方空港では航空会社の違いに関係なく、空港スタッフが対応します。お声がけをした以上、きちんと思いに寄り添いたい。そう考えたスタッフは上司の了解を得たあと、仕事の合間に宅配業者へ電話をかけ、バルーンをしぼませず、箱詰めして送ることができるのかどうか確認しました。

大丈夫だという返事をもらったあと、スタッフはチボリ公園へチボリバルーンを買いに行き、翌日、職場の仲間と協力し、箱に詰め、あゆみちゃんの家に送ったのです。

後日、このエピソードはカスタマーサービス部門の手によってレポートとなり、ANA全社員の目に触れることとなりました。

そこで、私たちはいろいろなことを考えさせられたことを覚えています。

私がこの空港スタッフだったら、泣いている女の子の背景にまで思いが至ったか？　事情を知ったからといって上司や他部署に働きかけることまでできたか？

また、現場を統括する責任者だったとして、部下の思いを受け止め、アイデアを採用することができただろうか？

もし、反省会の場で上司が「君の届けたい気持ちはわかるけど、チボリバルーンを買うお金、送付する費用、予算はどうする？」と言っていたら、あゆみちゃんのところにバルーンが届くことはなかったかもしれません。

しかし、上司の口から出たのは、

「（お客さまのために）君はどうしたい？」

という言葉でした。

私も含め、多くの社員がチボリバルーンのエピソードを通じて、「本当にお客さまに寄り添うとは、どういうことだろう？」と、その意味をあらためて考えはじめました。優しさの波紋を広げるキッカケとなったのは、上司が問いかけた言葉でした。

言葉の力は偉大です。
使い方によっては、善も、悪も引き起こすのかもしれません。
言葉を、善のために使いたい。
言葉を、世の中を温かくするために使いたい。
言葉を、人の「うれしい」のために使いたい。
本書があなたの温かい心を配るヒントになることを願って。

加藤アカネ

すぐに使える！　魔法の言葉辞典

1 反対意見の人に、ひと言も言わずに主張を通す
「なにか、お困りですか？」

2 会議中、自分の意見を言わずに思いどおりの結論に導く
「今、〇〇さんがおっしゃったのは、こういうことですよね」

3 責任を取りたくない上司を、説得せずにその気にさせる
「お客さまも喜びます」
「再考可能です」

4 言っていることとやっていることの違う上司を、指摘せずに反省させる
「甘えていました」
「間違って理解していました」

5
長い話を不快にさせず終わらせる
「ついに最高スコアが出ましたか？」

6
話の弾まない相手がたったひと言で気持ち良く話しだす
「キドニトチカケ」

7
怒っている人に、正論を言わずになだめる
「不快なお気持ちにさせてしまい、申し訳ございません」
「今後、改善に努めます」

8
騒ぐ人を、注意しないで静かにさせる
「だいぶにぎやかになっちゃっています……」

9
泣き叫ぶ赤ちゃんとクレームをつけるおじさん、どちらも立ててまるくおさめる
「できることがないか確認してまいります」

10

関係がこじれている2人を、どちらも悪く言わずになだめる

「ご体調にお変わりはないですか?」

11

意見の違う部下Aと部下B、やる気を削がず仕事をさせる

「さらに、」

「ますます、」

「もう一段、」

12

なごやかグループとぴりぴりグループ、双方気まずくさせずに、職場に締まった雰囲気を取り戻す

「わからないところがあったら、声をかけてね」

13

上司Aと上司B、どちらも立てて思いどおりに動かす

「お客さまに目処をお伝えしたいのですが」

14
間違っている上司と的確な上司、どちらも立てて仕事を進める
「今回は私の力不足でしたが、いただいたアドバイスは貴重でした」
「相談に乗っていただいたおかげです！」

15
多数派と少数派、どちらにもファンになってもらう
「暑いとお感じですか。今、確認してまいります」

16
お客さまAとお客さまB、どちらも立ててまるくおさめる
「なにかございましたら、私、加藤が承ります」

17
先約をしている人に「別の約束が入ってしまった」と角を立てずに断る
「こちらとこちらの日であれば、すぐにうかがうことができます」

18

部下Aと部下B、昇進しなかったほうを落ち込ませずにやる気にさせる

「次の機会には強く働きかけたいから、具体的な目標を聞かせて」

19

意見Aと意見B、一方を傷つけずにもう一方を採用する

「ダメな状態を知っているおまえだからこそ、できるだろ」

20

部下と他部署が対立、えこひいきせずに部下を守る

「どの辺りが問題になっているのか、今後のためにも、お聞かせいただけないでしょうか？」

21

劣をつけた相手に、後日、なんと言ってやる気にさせるか？

「言うかどうか迷ったんだけど」

本書は二〇一六年七月に小社より出版された
『ANAのVIP担当者に代々伝わる 言いにくいことを言わずに
相手を動かす魔法の伝え方』を改題、再編集し文庫化したものです。

サンマーク文庫

ANAのVIP担当者に代々伝わる 心を動かす魔法の話し方

2019年8月20日　初版印刷
2019年8月30日　初版発行

著者　加藤アカネ
発行人　植木宣隆
発行所　株式会社サンマーク出版
東京都新宿区高田馬場2-16-11
電話 03-5272-3166

フォーマットデザイン　重原 隆
本文DTP　山中 央
印刷・製本　株式会社暁印刷

ISBN978-4-7631-6114-7　C0130

ホームページ　https://www.sunmark.co.jp